나답게 살기로 했다

나답게 살기로 했다

1판 1쇄 발행 2024년 9월 30일

저자 우영숙

교정 주현강　**편집** 문서아　**마케팅·지원** 김혜지

펴낸곳 (주)하움출판사　**펴낸이** 문현광

이메일 haum1000@naver.com　**홈페이지** haum.kr
블로그 blog.naver.com/haum1000　**인스타그램** @haum1007

ISBN 979-11-94276-26-5 (03810)

좋은 책을 만들겠습니다.
하움출판사는 독자 여러분의 의견에 항상 귀 기울이고 있습니다.
파본은 구입처에서 교환해 드립니다.

이 책은 저작권법에 따라 보호받는 저작물이므로 무단전재와 무단복제를 금지하며,
이 책 내용의 전부 또는 일부를 이용하려면 반드시 저작권자의 서면동의를 받아야 합니다.

나답게 살기로 했다

우영숙 시집

차 례

나는 오늘부터 내가 명품이 되기로 했다 … 9	내가 웃어야 할 이유 있음에 … 29
칭찬 한마디에 나는 춤을 춘다 … 10	당신을 닮아 갑니다 … 30
우리 그런 인연이길 … 11	고마운 그대가 있기에 … 31
사랑하는 그대여 … 12	머무르는 인연이길 … 32
있는 그대로가 나인데 … 13	그대의 바람이 되어 … 33
그대는 나를 위해 행복하기 … 14	그대 안의 나도 사랑이길 … 34
가을을 닮은 그대 … 15	자연을 닮은 그대를 마중 나갑니다 … 35
그대 안에서 난 꽃을 피우려 합니다 … 16	난 그런 사람이 되고 싶었다 … 36
그렇게 살아 봅시다 … 17	나답게 자연스럽게 … 37
그대 향한 해바라기꽃 … 18	스스로 빛나는 인생 … 38
어떤 노래, 어떤 인연 … 19	주고받는 소통과 사랑 … 39
나부터 좋은 사람 … 20	좋은 향기가 나는 사람이 되고 싶다 … 40
웃으며 살아갈 이유 있음에 … 21	소풍 온 인생 … 41
스스로 빛나는 삶 … 22	공감은 표현하는 것 … 42
그대의 슬픈 눈으로 하는 말 … 23	내가 살아가야 할 이유 … 43
그대와의 소소한 일상 … 24	늘 생각나는 사람이 되고 싶다 … 44
내려놓기 중 … 26	우리는 하나니까 … 45
내 편이 있다는 것은 … 27	잘 죽기 위해서는 잘 살아 보자 … 46
스며드는 사랑 … 28	친구의 친구 … 47

우리의 아름다운 인연	… 48		내 앞의 인연에 감사하자	… 69
그런 사람이어야 한다	… 49		그리워하는 마음	… 70
오늘도 난 여행 중입니다	… 50		그도 나도	… 71
익숙함의 소중함	… 51		늘 위로할게	… 72
내가 먼저 웃는 사람	… 52		나의 마음 보따리	… 74
꽃을 보듯이	… 53		사랑은	… 75
관찰자의 입장에서 보기	… 54		자연스럽게 살아요	… 76
사랑이란	… 55		운무에 덮인 산도 산이다	… 77
너에게 나도 물들어 간다	… 56		추억으로 가는 비	… 78
당신이 참 좋습니다	… 57		그대는 그런 사람입니다	… 79
커피 한 잔에	… 58		애달픈 나의 사랑아	… 80
그대 앞에서	… 59		내 사랑은	… 82
그대 그리운 마음에 백일홍꽃이 피었습니다	… 60		그대를 닮아 가겠습니다	… 83
			아픈 나의 연가를	… 84
그리운 그대 앞에서	… 61		어젯밤 꿈속에서	… 85
그대의 향기에	… 62		노랗게 물든 은행잎	… 86
그대와 나는 웃어야 합니다	… 63		코스모스꽃을 보며 인생을 논하다	… 87
그리운 이여	… 64			
웃음이 나는 사람	… 66		웃으며 살아 보리라	… 88
스치는 바람일지라도	… 67		어머니	… 89
우리의 인연	… 68		그대 이 새벽녘에	… 90

그대의 슬픔이 나의 슬픔인 것을 ⋯ 92	알아차리기 ⋯ 115
나의 자랑스러운 영원한 내 편 ⋯ 94	말이 다 말이 아닙니다 ⋯ 116
연분홍 상사화꽃 ⋯ 96	자연스러움 ⋯ 117
넌 어디서나 빛나고 있어 ⋯ 97	나이가 든다는 것은 ⋯ 118
말 같은 말을 하자 ⋯ 98	시절인연 ⋯ 119
삶이란 ⋯ 99	내게 보이고 들리는 것들 ⋯ 120
돌고 도는 인생 ⋯ 100	순수한 마음으로 감사하자 ⋯ 121
우리는 환자가 아니니까요 ⋯ 101	상대의 모습이 내 모습입니다 ⋯ 122
동그라미 안에서 나오자 ⋯ 102	어른답게 ⋯ 123
그는 다른 별에서 왔다 ⋯ 103	뿌린 대로 거두리라 ⋯ 124
상대를 위한 마음으로 ⋯ 104	마음 크기 키우기 ⋯ 125
나부터 사랑하자 ⋯ 106	나의 그릇은 어떠한가 2 ⋯ 126
상대를 있는 그대로 인정하자 ⋯ 107	인연과 환경은 내 갖춤에 따라 ⋯ 127
자연의 사랑이 엄마의 사랑 ⋯ 108	모든 문제와 답은 내 안에 있다 ⋯ 128
나의 그릇은 어떠한가 ⋯ 109	상대의 모습에서 내 모습이 보인다 ⋯ 129
물을 보고 배우는 인생길 ⋯ 110	바른 분별력 ⋯ 130
감사하는 마음으로 ⋯ 111	우울증 ⋯ 131
말 같은 말을 하자 2 ⋯ 112	쓰임새 있는 그릇 ⋯ 132
비워야 생기는 여유 ⋯ 113	생각의 틀에서 벗어나자 ⋯ 133
내가 보고 싶은 대로 보이고 들리는 세상 ⋯ 114	상대를 위해 살다 보면 ⋯ 134

사회의 어머니	⋯ 135
세상 그 어떤 것도 흔들리면서 피었다	⋯ 136
무심히 바라보기	⋯ 138
에너지	⋯ 139
적당히 버릴 줄도	⋯ 140
바라지 않는 사랑	⋯ 141
내 갖춤에 따라오는 인연들	⋯ 142
무료가 아닌 자유에 감사하며	⋯ 144
마음의 문 활짝 열기	⋯ 145
그제야 보이는 것들	⋯ 146
이기심을 버리고 살아 보자	⋯ 147
자연스럽게 살아 보기	⋯ 148
시작도 끝도 없는 인생길	⋯ 149
나의 보따리	⋯ 150
탓하지 않기	⋯ 151
어떤 삶을 살고 있는가	⋯ 152
도움이 되는 말을 하자	⋯ 153
무심코 던진 말	⋯ 154
지금에 집중하자	⋯ 155
융합하는 그대와 나	⋯ 156

인생의 바위에 부딪히면	⋯ 158
긍정의 끌어당김	⋯ 159
진정한 어른 되기	⋯ 160
나의 못남을 고쳐 나가자	⋯ 161
있는 그대로 받아들인다는 것은	⋯ 162
인생사 다 공부인 것을	⋯ 164
나의 잣대로 결정짓는 습관	⋯ 165
마음의 창문을 활짝 열자	⋯ 166
흔들림 없이 살아 보기	⋯ 167
나답게 살아 보자	⋯ 168
순수함을 품어 내는 기운으로	⋯ 169
철저히 겸손하자	⋯ 170

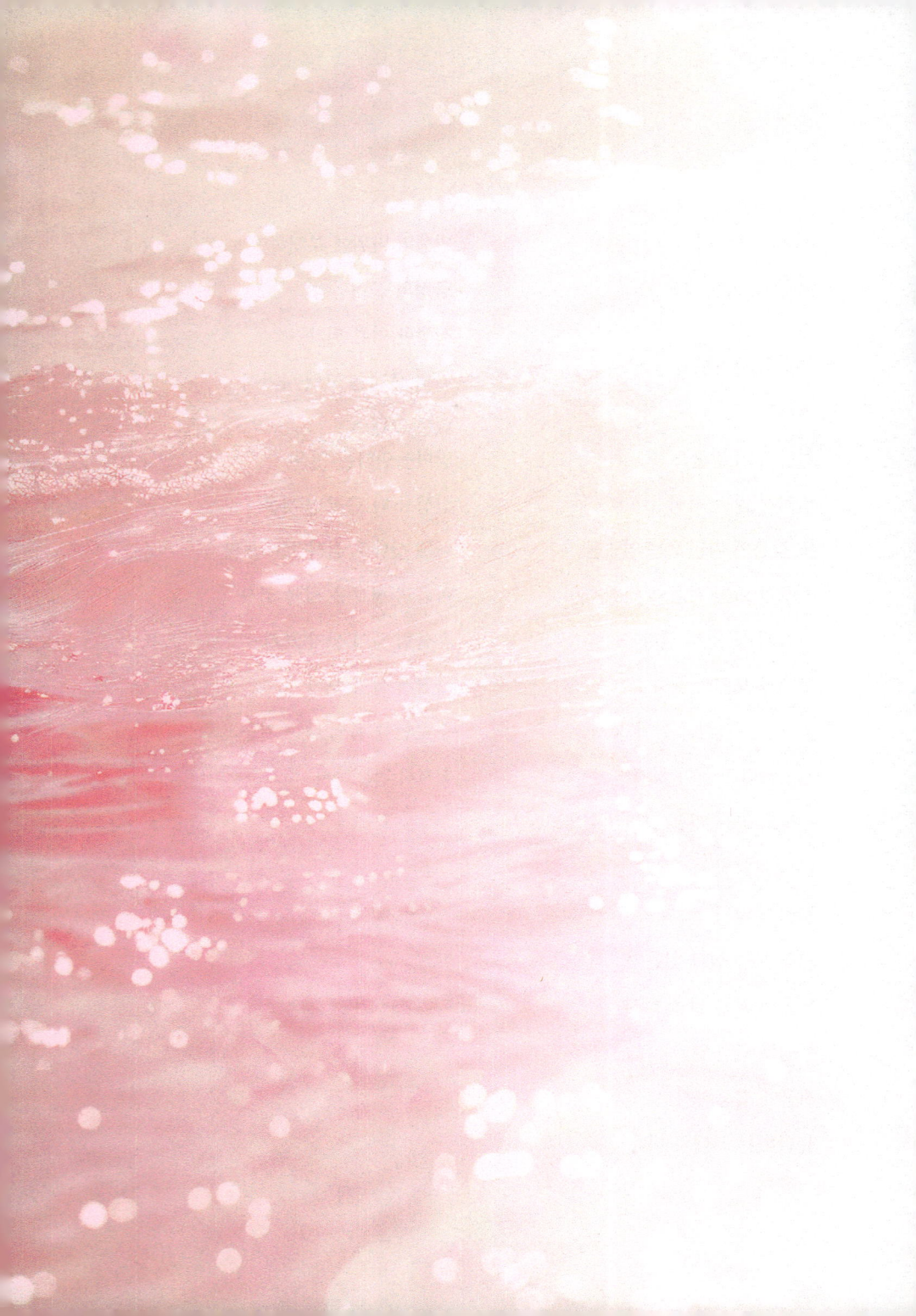

나는 오늘부터 내가 명품이 되기로 했다

난 오늘부터
명품 가방 대신
내가 명품이 되기로 했다.
내 웃음이 명품이고
내 미소가 명품이고
내 언어가 명품이고
내 모습이 명품이고
내 행동이 명품이고
내 마음이 명품이고
내 정신이 명품이고
오늘도
나답게
명품답게
살기로 했다.

칭찬 한마디에 나는 춤을 춘다

칭찬 한마디에
미소가 절로 나며

칭찬 한마디에
웃음이 절로 난다.

칭찬 한마디에
몸이 으쓱해지며

칭찬 한마디에
살아 있음을 느낀다.

칭찬은
고래도 춤추게 하며
하마도 춤추게 하며
곰도 춤추게 하며
너도 춤추게 하며
나도 춤추게 한다.
나도 춤을 춘다.
칭찬 한마디에.

우리 그런 인연이길

서로에게 위안이 되는
우리 그런 인연이길
서로에게 행복을 주는
우리 그런 인연이길
서로에게 웃음을 주는
우리 그런 인연이길
서로를 품어 줄 수 있는
우리 그런 인연이길
서로를 알아주는
우리 그런 인연이길
서로 소통이 잘 되는
우리 그런 인연이길
서로 응원해 주는
우리 그런 인연이길
서로에게 에너지가 되는
우리 그런 인연이길
늘 자리에 있어 주는
그런 이가 당신이길
그런 이가 나이길
그런 이가 우리이길
우리 그런 인연이길.

사랑하는 그대여

사랑하는 그대여
아프지도 말고
슬퍼하지도 말고
주저앉지도 말고
힘겨워하지도 마라.

아프고 힘들면
조금만 앉았다
툭툭 털고
다시 일어나라.

행복도
사랑도
희망도
늘 네 곁에서
맴돌고 있으니.

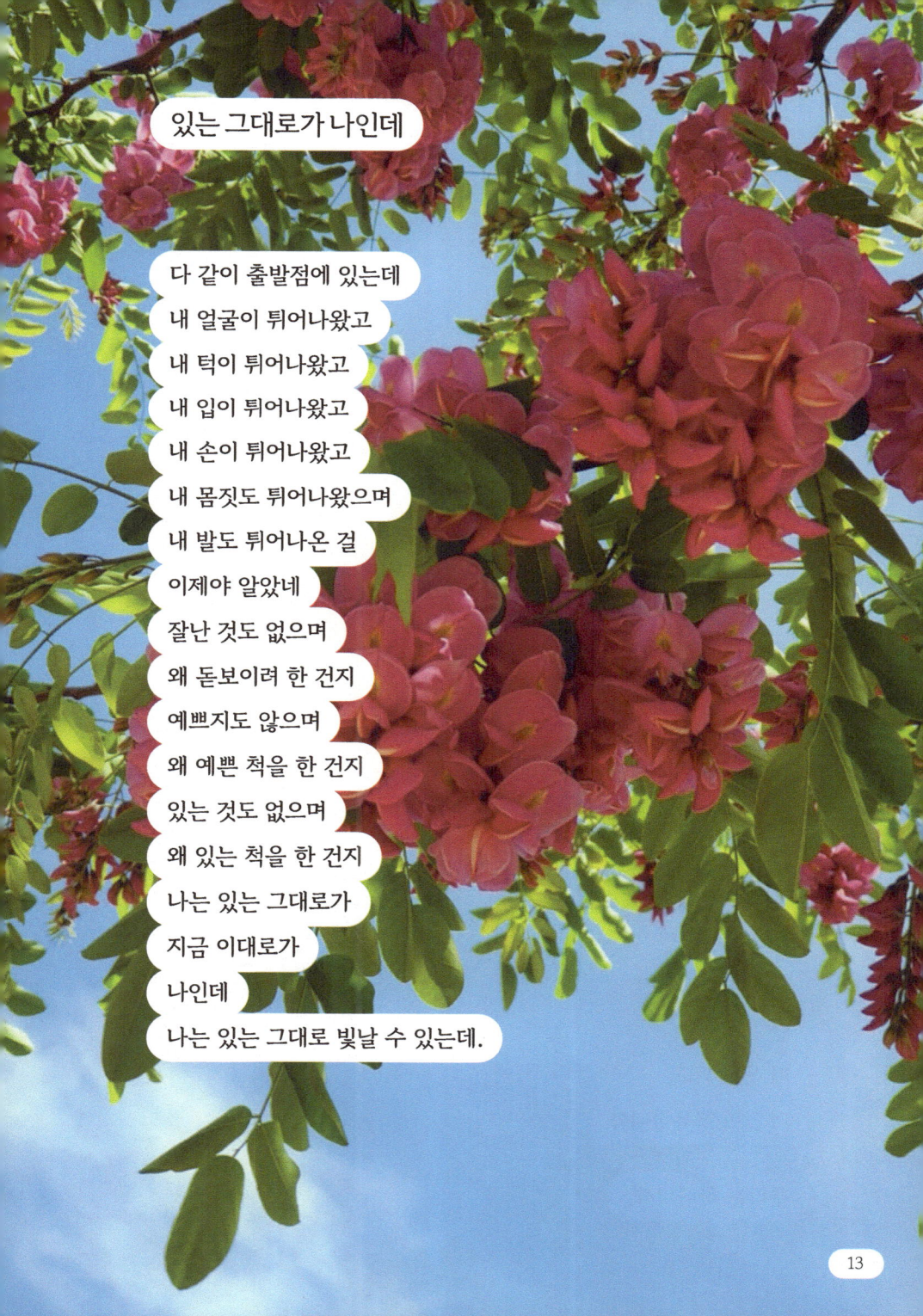

있는 그대로가 나인데

다 같이 출발점에 있는데
내 얼굴이 튀어나왔고
내 턱이 튀어나왔고
내 입이 튀어나왔고
내 손이 튀어나왔고
내 몸짓도 튀어나왔으며
내 발도 튀어나온 걸
이제야 알았네
잘난 것도 없으며
왜 돋보이려 한 건지
예쁘지도 않으며
왜 예쁜 척을 한 건지
있는 것도 없으며
왜 있는 척을 한 건지
나는 있는 그대로가
지금 이대로가
나인데
나는 있는 그대로 빛날 수 있는데.

그대는 나를 위해 행복하기

그대가 웃으면
내가 더 웃게 되고

그대가 슬퍼하면
내가 더 눈물 나고

그대가 아파하면
내가 더 쓰라리고

그대가 행복하면
내가 더 행복해지는 것

그래서
그대는 나를 위해서
더 많이 행복하기
더 많이 웃기

그대가 웃으면
그대가 행복하면
난
더 웃게 되고
더 많이 행복하니까

우리는 하나니까.

가을을 닮은 그대

그대는
가을 하늘을 닮았습니다.
그대는
가을 하늘의 뭉게구름과
닮았습니다.
그대는
가을 하늘의 청명함과
닮았습니다.
그대는
가을 하늘의 눈부신 푸르름과
닮았습니다.
그대는
가을 하늘의 드높음을
닮았습니다.
나도 그대처럼
가을 하늘을 닮아 가려 합니다.
나도 그대처럼
가을 하늘에
물들어 가려 합니다.

그대 안에서 난 꽃을 피우려 합니다

몸을 웅크려
기지개를 켜지 않으려
안간힘을 쓰는 내게
몸을 쭉 펴서 기지개를 켜라 하고

가슴에는 울음을 가득 채운 채
웃는 척을 하는 내게
이제는 환히 웃으라 합니다.

그는 내게
뿌리가 되고 줄기가 된다며
잎과 꽃을 피우라 합니다.

그의 사랑 안에서
이젠 웃는 척하지 않고
웃으려 합니다.

행복한 척하지 않고
행복하려 합니다.

늘 고마운 사람아
오늘도 그대 사랑 안에서
난 꽃을 피우려 합니다.

그렇게 살아 봅시다

사랑하는 나의 님이여
우리
바람이 불면
꼿꼿이 버티지도 말고
힘겹게 맞서지도 말고
쓰러지지도 말고
바람 불어오는
그대로 그대로
같이 휘면서 살아 봅시다.

그러면서
서로에게
삶의 이유가 되고
삶의 희망이 되고
삶의 웃음이 되고
삶의 햇살이 되게
살아 봅시다.

그렇게 살아 봅시다.
그렇게.

그대 향한 해바라기꽃

그대는
순수한 제비꽃을 닮았으며
애달픈 배롱나무꽃을 닮았으며
기다림의 국화꽃을 닮았으며
잊지 말아 달라는
물망초를 닮았습니다.

아련한 안개꽃을 닮았고
빛을 찾는 수선화를 닮았고
민들레 홀씨를 닮았습니다.

난 그런 그대가 참 좋습니다.
그대는 나의 삶의 이유니까요.
그대는 나의 웃음이니까요.
난 그대 향한
해바라기꽃이 되겠습니다.
그대 향한 해바라기꽃이.

어떤 노래, 어떤 인연

어떤 노래는 웃음이 되고
어떤 노래는 눈물이 되고
어떤 노래는 그리움이 되고
어떤 노래는 외로움이 되고
어떤 노래는 아련함이 되고
어떤 노래는 애절함이 되고

어떤 인연은 사랑이 되고
어떤 인연은 아픔이 되고
어떤 인연은 상처가 되고
어떤 인연은 서글픔이 된다.

살아간다는 것은
혼자임을 아는 것이며
살아간다는 것은
외로운 것이며
살아간다는 것은
늘 그리워하는 것이다.
살아간다는 것은.

나부터 좋은 사람

좋은 사람을
멋진 사람을
웃는 사람을
만나고 싶으면

나부터
좋은 사람이 되고
멋진 사람이 되고
웃는 사람이 되고
인간미 넘치는
사람이 되자.

네 잎 클로버는
행운을 상징하고
세 잎 클로버는
행복을 상징하듯

인연과 인연으로
더불어 사는 삶
소소한 행복과
소소한 행운으로
감사하며 살아 보자.
나부터 좋은 사람으로.

웃으며 살아갈 이유 있음에

두근두근 설렘도
알콩달콩 사랑도
부드러운 나눔도
미묘한 향기도
지나간 추억은
날아가고 없는 것이 아니라
내 가슴속에 있기에
오늘도
웃으며 살아갈 수 있다.
웃으며 살아간다.
없는 것이 있는 것이요,
있는 것이 없는 것이니
육신이 내가 아니라
정신이 나이기에
난 오늘도 웃으며 살아간다.
난 오늘도 웃으며 살아갈 이유 있음에.

스스로 빛나는 삶

우리는 웃는 게 어울리고
따뜻한 말을 하는 것이 어울리고
상대의 아픔을 같이
아파하는 것이 어울리고
혼자 빗소리 들으며
울적해지는 것이 어울리고
무덤덤한 것보다
예민한 것이 어울리는
우리
오늘도
그리 살아 보자.
있는 그대로 바라보며
있는 자리에서 스스로 빛나 보자.
나
너
우리는
각자의 자리에서
각자의 방식으로
다 빛나고 있으니.

그대의 슬픈 눈으로 하는 말

귀를 닫고
말을 하지 않는다 하고
일방적인 말을 하며
소통하지 않는다 하고
분노에 차 있으면서
믿음을 이야기하고
의심을 하면서
신뢰를 이야기하며
부정적이면서
긍정을 논하는
상대의 모습에서
난 그대의 슬픈 눈을 보았다.
난 그대의 아픈 눈을 보았다.
강한 긍정은
강한 부정이라 했던가
그냥 있는 그대로 들어 주기로 했다.
그냥 있는 그대로 웃어 주기로 했다.
그냥 있는 그대로 끄덕이기로 했다.
그런 그대도 아플 테니까.
그런 그대도 힘들 테니까.

그대와의 소소한 일상

내가 바라는 것은
그대와 잔잔하게 고요한 일상을
보내는 것이고

가끔은 달달한 멘트도 날리며

가끔은 너스레를 떨어도
웃어 줄 수 있으며

넘어지면 손을 잡아 줄 수 있으며

우울할 때 같이 울어 주고
다독여 주며

커피 한 잔을 마시며
노을을 보며 인생을
논할 수 있는 것

난 그런 일상을 바랄 뿐입니다.

가끔은 그늘이 되어 주고
가끔은 우산도 되어 주고
가끔은 바람이 되어 주고
가끔은 벤치도 되어 주는
소소한 일상을 바랄 뿐입니다.

그대와 같이.

내려놓기 중

어깨에
세월의 무게를 잔뜩 짊어지고
양손에
무거운 짐들을 가득 들고
두 눈에
눈물을 머금고 애써 웃으며
무거운 발걸음을
끌며 걸어온 나
이제는
하나씩 내려놓기 중

내 인생에
여백은 없이 살아온 나
내가 들고 온
삶의 무게의 가방을
이제는
다시 비우고 정리해야겠다.
가볍게 비우고
가볍게 살아야겠다.
다시 정리해야겠다.
다시 정리 중.

내 편이 있다는 것은

살다가 지칠 때
내 편이 있다는 것은
살아가는 힘이 되고
웃을 수 있는
원동력이 됩니다.
몸은 떨어져 있어도
마음은 늘 같이 있기에
그대는 영원한 내 편입니다.
비바람 치는 날에는
우산이 되어 주는
그대가 있어
난 오늘도
웃으며 살아갑니다.
그런 그대가 있어 감사하며
그대를
가슴으로 영원히 사랑하겠습니다.

스며드는 사랑

그대 이름만 불러도
가슴이 저려 오고
바람이 불어오고
별이 반짝이며
꽃이 핍니다.

내 가슴에 별이 되어
반짝이는 사람아
내 사랑아
나의 사랑아
그대의 사랑이 나에게
그라데이션처럼
스며들고 있습니다.
나의 사랑도 그대에게
스며들고 싶습니다.
나의 사랑아.

내가 웃어야 할 이유 있음에

내가 웃어야 할
이유 있으니
그대가 있음이고

내가 행복해야 할
이유 있으니
그대가 있음이고

내가 살아야 할
이유 있으니
그대가 있음입니다.

생각만으로도
마음의 위로가 되고
가슴이 따뜻해지는 사람
나도 그대에게
그런 사람이 되고 싶습니다.
우리는 하나니까요.

당신을 닮아 갑니다

울고 싶어도
울지 못하는 나와
같이 울어 주고
더 깊은 목소리로
같이 울어 주고

웃고 싶어도
웃지 못하는 나와
같이 웃어 주고
더 크게 웃어 주고

웃는 모습이
너답다며
매번 위로하는
당신이 있어 참 좋습니다.

나도 당신 닮아
매번 위로하는
그런 사람이 되겠습니다.
나도 당신을 닮아 갑니다.
나도 당신을.

고마운 그대가 있기에

그대는
바람처럼
꽃잎처럼
어느 날은
나를 눈부시게 했고
어느 날은
나를 설레게 했고
어느 날은
나를 사무치게
그리워하게 했고
어느 날은
나를 기다리게 합니다.
나를 지탱해 주는
버팀목 같은
그대가 있어
나는 오늘도 웃으며
살아갑니다.
고마운 그대가 있기에.

머무르는 인연이길

바람처럼
늘 내 곁을 스치기도
내 안에 머무르기도 하는
님이여
님의 목소리는
정겹기만 하고
님의 웃음은
화사하기만 하고
님의 표정은
나를 심쿵하게 합니다.
님은 나한테
그런 존재입니다.
스치는 인연이 있고
머무르는 인연이 있듯이
우리 서로에게
머무르는 인연이길
우리의 영혼도 하나이길
우리의 정신도 하나이길
우리의 마음도 하나이길
간절히 바라 봅니다.

그대의 바람이 되어

난 그대의 바람이 되어
그대 곁을 스치며

난 그대 발길 머무는 곳의
들꽃이 되어
그대 곁에 머물며

난 그대 쉴 수 있는 벤치로
그대 곁에 있습니다.

난 그대 산소가 되어
그대 곁에 늘 있으며

난 그대 그리움이 되어
그대 곁에 사랑으로 있겠습니다.

오늘도
그대 곁에 있습니다.
내일도
그대 곁에 있을 겁니다.
그대 곁에.

그대 안의 나도 사랑이길

나 그대 안에
푸르름으로 있겠습니다.
그윽함으로 있겠습니다.
온화함으로 있겠습니다.
은혜로움으로 있겠습니다.
진실됨으로 있겠습니다.
그리움으로 있겠습니다.
사모함으로 있겠습니다.
희망으로 있겠습니다.
내 안의 그대는 사랑입니다.
그대 안의 나도 사랑이길 바라 봅니다.
우리는 언제나
하나니까요.

자연을 닮은 그대를 마중 나갑니다

그대가 내게 온다는 것은
그대의 웃음도
그대의 눈물도
그대의 기쁨도
그대의 슬픔도
그대의 추억도
그대의 내일도
같이 온다는 것을
더 넓은 바다를
더 높은 하늘을
닮아 가며
여여한 마음으로
그대를 마중 나갑니다.
우리는 하나가 된 마음으로
자연을 닮아 갑니다.
오늘도
자연을 닮은
그대를 마중 나갑니다.

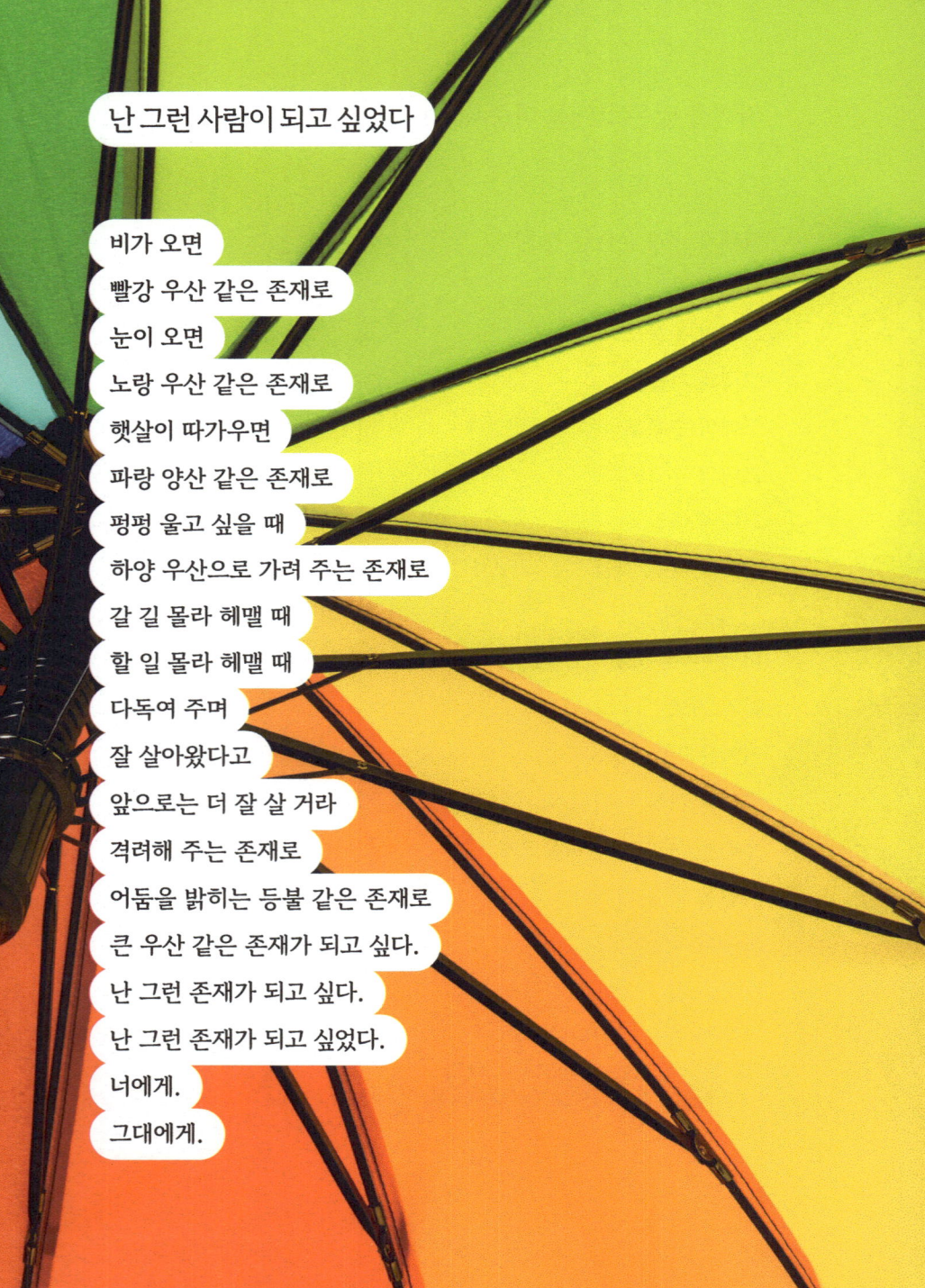

난 그런 사람이 되고 싶었다

비가 오면
빨강 우산 같은 존재로
눈이 오면
노랑 우산 같은 존재로
햇살이 따가우면
파랑 양산 같은 존재로
펑펑 울고 싶을 때
하양 우산으로 가려 주는 존재로
갈 길 몰라 헤맬 때
할 일 몰라 헤맬 때
다독여 주며
잘 살아왔다고
앞으로는 더 잘 살 거라
격려해 주는 존재로
어둠을 밝히는 등불 같은 존재로
큰 우산 같은 존재가 되고 싶다.
난 그런 존재가 되고 싶다.
난 그런 존재가 되고 싶었다.
너에게.
그대에게.

나답게 자연스럽게

따뜻한 말에
위로의 말에
존중의 말에
인정의 말에
사랑의 말에
그런 말에도
매이지 말자.
바람은
손가락에도
잡히지 않고
스쳐 지나간다.
어디에도
매이지 말고
묶이지 말자.
나답게 살아 보자.
나답게 살아가는 것이
가장 자연스러운 것이니까.

스스로 빛나는 인생

내 앞에서 남의
흉을 보는 사람은
다른 이 앞에서는
내 흉을 본다.
앞에서
하지 못할 말은
뒤에서도
하지 말아야 한다.
미워하는 마음도
부딪히는 마음도
부정적인 마음도
내가 부정의
중심이기 때문이다.
정신 차리고
잘 살아야
잘 죽을 수도 있다.
상대를 위한 마음이면
내 인생은 스스로 빛날 것이다.
내 인생은 스스로 빛난다.

주고받는 소통과 사랑

소통도
상대를 배려하는
마음으로 해야 한다.
상대의
기분은
상황은
생각하지 않고
나 혼자만의
기분으로 하는
일방통행은
서로를 힘들게 한다.
나 혼자만의 고백은
짝사랑이 되어
나도
너도
힘들 뿐이다.
주고받는 것이
소통이며
주고받는 것이
사랑인 것을.

좋은 향기가 나는 사람이 되고 싶다

좋은 사람한테는
좋은 향기가 납니다.
삼겹살을 구우면
삼겹살 냄새가 배고
커피를 내리면
커피 향이 배고
화원에 가면
향기로운 꽃들의 내음이 배듯
나한테는 어떤 향기가 날까요.

기분 좋게 하는 향기
우울하게 하는 향기
미소가 번지는 향기
답답한 향기
나한테 어떤 향기가
나한테 어떤 기운이
나올지는
내가 하기 나름입니다.
나는 좋은 향기가 나는 사람이 되고 싶습니다.

소풍 온 인생

내 손에 쥐고 있는 돈도
영원한 내 것이 아니며
내 품에 안고 있는 사랑도
영원한 내 편이 아니기에
너무 움켜쥐지 말고
너무 집착하지 말자.
이 세상에 잠시 소풍 온
인생이기에
어디에도
집착하지 말고
욕심내지 말고
바람처럼 매이지도 말자.
그냥 자연스럽게
살아 보자.
그냥 자연스럽게
잠시 소풍 온 인생인 것을.

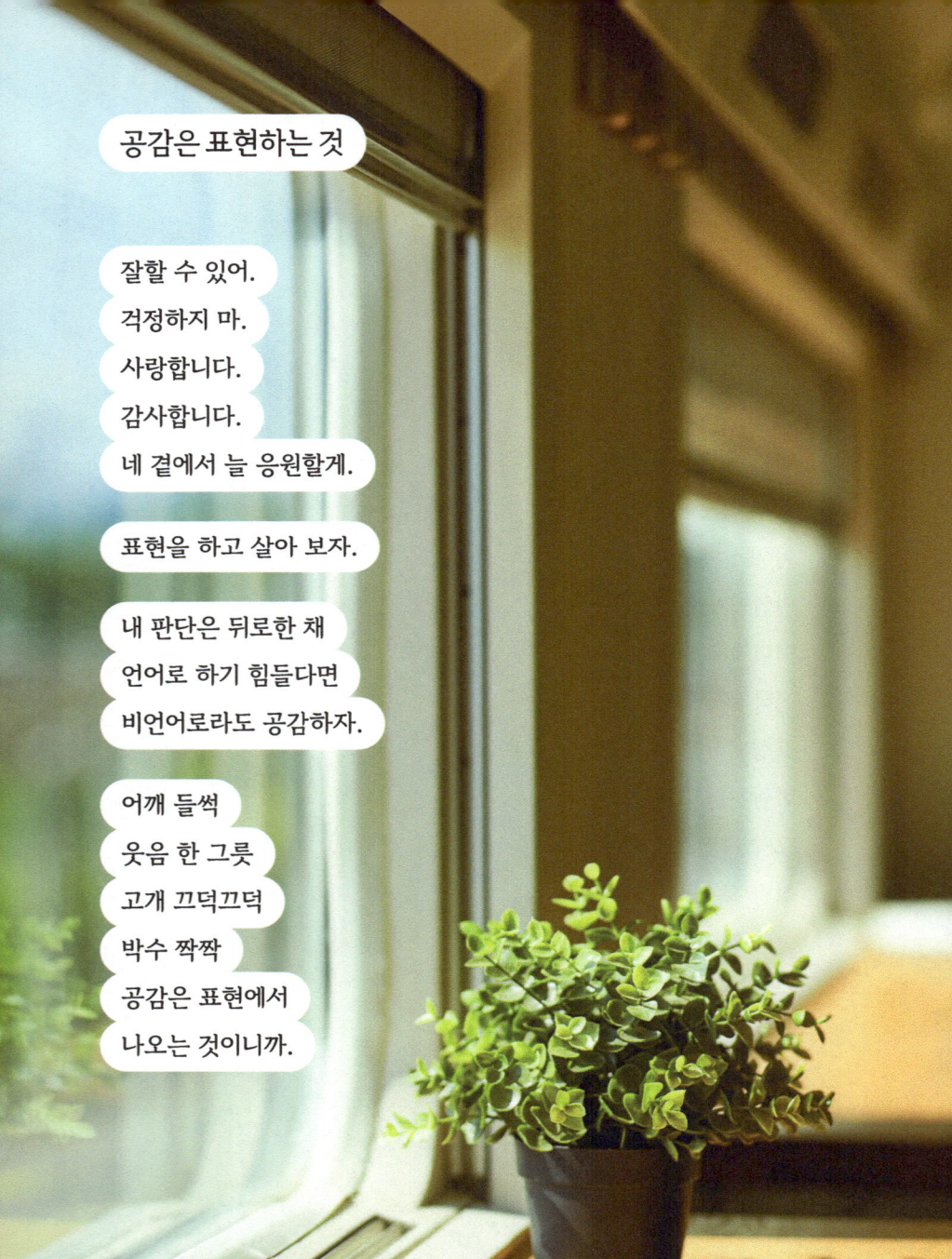

공감은 표현하는 것

잘할 수 있어.
걱정하지 마.
사랑합니다.
감사합니다.
네 곁에서 늘 응원할게.

표현을 하고 살아 보자.

내 판단은 뒤로한 채
언어로 하기 힘들다면
비언어로라도 공감하자.

어깨 들썩
웃음 한 그릇
고개 끄덕끄덕
박수 짝짝
공감은 표현에서
나오는 것이니까.

내가 살아가야 할 이유

뜨거운 날에도
맑은 날에도
흐린 날에도
비가 오는 날에도
눈이 오는 날에도
바닷가 모래알처럼
흐르는 물처럼
상대를 위한 마음으로
한결같은 마음으로
변함없는 마음으로
감사하며 살아 보자.
감사할 이유는
있으니까.
감사할 이유는
많이 있으니까.
감사하며 살아야
내가 살 수 있으니까.
그래야
내가 살아갈 수 있으니까.
그래야
내가 살아가는 이유가 되니까.

늘 생각나는 사람이 되고 싶다

진정한 친구란
진정한 내 편이란
진정한 소통이란
진정한 공감이란
진정함이란
있는 듯
없는 듯
늘 옆에서
응원해 주고
다독여 주고
손을 잡아 주는 것
서로에게 짐이 되지 않으며
편안하고
그리운 사람
편안하고
보고픈 사람
편안하고
늘 생각나는 사람
난 그런 사람이 되고 싶다.

우리는 하나니까

지저귀는 새소리에
눈을 뜨고
코끝을 스치는
바람을 느끼며
가슴 에일 듯한
노래를 들으며
그대를 그리워할 때
그대를 보고파 할 때
그대도 그곳에서
바람을 느끼고
추억을 그리워하고
나를 그리워하며
자연스럽게
무심한 듯
살아가겠지.
우리는
지구 안에
나, 너
둘이 아니라
하나니까.

잘 죽기 위해서는 잘 살아 보자

잘 죽기 위해서는
잘 살아 보자.
마음이 공허하면
먹어도 허기지고
헛배만 부를 뿐이다.
나한테는 관대하고
대충 합리화하면서
상대한테는
잣대를 들이대며
판단을 하지 말자.
세상의 중심에 있는 나
나부터 잘하자.
웰다잉을 위해서는
웰빙을 하자.
잘 죽기 위해서는
잘 살아 보자.
잘 살아 보자.

친구의 친구

외로움을 느끼는 것은
주고받는 소통의
친구가 없음이고
위로와 격려와
공감을 해 주는
친구가 없음이고
예리한 판단력으로
다그쳐 주는
친구가 없음이고
내 이야기를 끝까지
들어 주는 친구가 없음이고
내 편이 없음이다.
근데
나는 내 친구한테
진정한 친구가 되었을까.
그의 편이 되었을까.
나는 그의 편이 되었을까.
나는.

우리의 아름다운 인연

인연은 올 때는 설레지만
갈 때는 매서운 바람처럼
차기만 합니다.
우리의 인연이
바람처럼 지나가는 것이 아니고
내리는 비처럼 쓸쓸하지 않고
시든 꽃잎처럼
떨어지지 않고
바다처럼 깊고 고요하며
기쁨과 행복만 있는
아름다운 사랑이길
설사 아픔이 있어도
사랑으로 이겨 낼 수 있는
사랑이었으면 좋겠습니다.

그런 사람이어야 한다

머무는 곳마다
웃음꽃을 피울 수 있길
머무는 곳마다
주고받는 소통이 잘 되길
머무는 곳마다
더 많이 감사하길
머무는 곳마다
위로와 격려가 되길
머무는 곳마다
정다운 태도가 되길
머무는 곳마다
정신이 깨어 있길
그런 사람이 되고 싶다.
그런 사람이 되어야 한다.
난
그런 사람이어야 한다.
그대도
그런 사람이어야 한다.
그대도.
나도.

오늘도 난 여행 중입니다

살아간다는 것은
여행을 떠나는 것입니다.
울퉁불퉁한 길도
굽이굽이 흐르는 길도
아스팔트 길도
비에 젖은 길도
화사한 꽃길도
내가 걸어온 길
그 길이 내 인생길
그것이 내 인생
흐르는 물처럼
잔잔하게
평온하게
이 몸을 맡기며
오늘도 난 여행 중입니다.
오늘도 여행 중입니다.

익숙함의 소중함

시원한 바람도
만개한 벚꽃도
둥실둥실 구름도
소중한 공기도
늘 옆에 있는 가족도
말할 수 있는 것도
들을 수 있는 것도
볼 수 있는 것도
다 고마운 것
다 소중한 것
늘 보고
늘 듣고
늘 느끼기에
소중함을 잠시 잊고
산 것은 아닌지
익숙함을 잠시 잊고
산 것은 아닌지
소중함과
익숙함에
늘 감사하며 살자.
그렇게 살아 보자.

내가 먼저 웃는 사람

잘 웃는 사람끼리
행복하다는 사람끼리
긍정적인 사람끼리
소통하는 사람끼리
말이 잘 통하는 사람끼리
사람은 끼리끼리
모이고
만난다.
그래서 오늘도
내가 먼저 좋은 사람이
내가 먼저 웃는 사람이
내가 먼저 긍정적인 사람이
내가 먼저 행복한 사람이
되어야겠다.
내가 먼저.

꽃을 보듯이

세상을
사람을
꽃을 보듯이 보면
불만도
불평도
짜증도
낼 수가 없다.
꽃은
자연은
늘 제자리에서
자연의 순리를 보여 주고 있으니
꽃을 보면 누구라도
긍정적인 생각
긍정적인 말
긍정적인 행동을 하니
꽃을 보듯이 세상을 살아가면
웃을 일만 있을 것이다.
꽃을 보듯이 인연을 대하면
웃을 일만 있을 것이다.
꽃을 보듯이.

관찰자의 입장에서 보기

나를 관찰자의 입장에서 보자.
나의 아바타가 화가 났구나.
나의 아바타가 힘들겠구나.
나의 아바타가 불평을 하는구나.
나의 아바타가 부정적이구나.
관찰자의 입장에서 보면
긍정과 부정도 하나인 것을
행복과 불행도 하나인 것을
너와 나도 하나인 것을
삶과 죽음도 하나인 것을
모든 것이 하나인 것을
나와 아바타도 하나인 것을.

사랑이란

사랑이란
생각하면서도
또 생각하고
보고 있으면서도
더 보고 싶고
솜사탕같이
달달함과
부풂에도
더 달달하고
더 부풀고
깊은 밤에 잠 못 들고
늘 그리워하는 것입니다.
난 오늘도
그대가 그립습니다.
그대가 보고 싶습니다.
그대도 나를 그리워할까요.
그대도 나를.

너에게 나도 물들어 간다

너무 잘하려
애쓰지 마라.
너무 완벽하려
애쓰지 마라.
너무 앞서가려
애쓰지 마라.
조금은 여유롭게
조금은 무거운 짐들도 내려놓자.
들꽃들도 향기가 그윽하듯
너에겐 꽃향기가 그윽하다.
너를 생각하면
내 마음에 별이 뜨고
백일홍이 핀다.
너는 그런 사람이다.
나도 그 백일홍에 물든다.
나도 너에게 물들어 간다.

당신이 참 좋습니다

동그란 빗방울 하나에
내 눈물도 동그란 빗방울 되며

주르륵 내리는 비에
내 아픔도 주르륵 내린다.

애잔함도 같이 내리고
외로움도 같이 내린다.

언젠가는
슬픈 이런 날도 그리워지겠지.

아름다운 선물 같은 사랑도
그리워하겠지.

저 길 끝에
당신이 있을 것만 같아
자꾸 뒤돌아보는 그리운 사랑아
생각만이라도
그리움만이라도
당신이 참 좋습니다.
그런 당신이 참 좋습니다.

커피 한 잔에

커피 한 잔에
그대 그리움도 한 스푼
커피 한 잔에
그대 보고픔도 한 스푼
커피 한 잔에
그대 따스함도 한 스푼
커피 한 잔에
그대 다정한 말투도
한 스푼 넣었습니다.
나는 오늘도
그대와 커피를 마십니다.
달달하고 따뜻한
그대 사랑을 같이 넣어서
나는
오늘도 그대 만나러 갑니다.
벌써 그대 곁에 가 있습니다.
누구보다 소중한 그대를
사랑합니다.
그대와 나는 하나니까요.
그대와 나는.

그대 앞에서

그대 앞에서는
쫑알쫑알 지저귀는
종달새도 되고

가시 돋친
붉은 장미도 되고

꼬리 몇 개 달린
여우도 되고

수줍어하는
소녀도 되고

요조숙녀가 되기도 합니다.

사랑은 배려라는
그대 앞에서
그대 앞에서는.

그대 그리운 마음에 백일홍꽃이 피었습니다

오늘도
사무치게 그리운 이여
내 마음은 일찍이
그대 곁에 가 있는데
그대는 그리움으로
언제나 오시려나
그대 그리운 마음에는
꽃망울이 맺혔습니다.
그대 내 눈에 담아 두고
그대 내 귓가에 담아 두고
그대 내 마음에 담아 두고
있습니다.
그대 그리워하는 마음에는
백일홍 한 송이가
피어났습니다.
피었습니다.

그리운 그대 앞에서

그리운 그대 앞에서
사모하는 그대 앞에서
욕심내지 않기로
바라지도 않기로
고집부리지도 않기로
집착하지도 않기로
주장 부리지도 않기로
미워하지도 않기로
징징대지도 않기로
재촉하지도 않기로
했습니다.
있는 그대로 그대를 받아들이며
있는 그대로 그대를
인정하기로 했습니다.
사랑하는 그대 앞에서
어른스럽게.
어른답게.

그대의 향기에

그대여
우리 원 없이 살아 봅시다.
원 안에서
동동거리지 말고
원 밖으로 나오든지
원을 지우든지
원 없이 살아 봅시다.
그대라는 꽃은
다시 피어나리니
그대라는 햇살은
따사로이 세상을 비출 것이며
그대라는 별은
늘 반짝이고 있으며
그대는 변함없이
아름다운 향기를
뿜어내고 있습니다.
지금도 그대의 향기로 그윽합니다.
그대의 향기에 취해 봅니다.

그대와 나는 웃어야 합니다

오늘이라는 선물도
지금이라는 선물도
그대와
나에게
행복으로 왔습니다.

웃으며 살든
즐겁게 살든
감사하며 살든
긍정적으로 살든
불평불만으로 살든
그대와 나의 몫입니다.

그대와 내가 있어야
세상도
지구도 있기에
그대와 나는 웃어야 합니다.
그대와 나는 웃기로 했습니다.
그대와 나는 행복해야 합니다.
그대와 나는 행복하기로 했습니다.

그대와 나는.

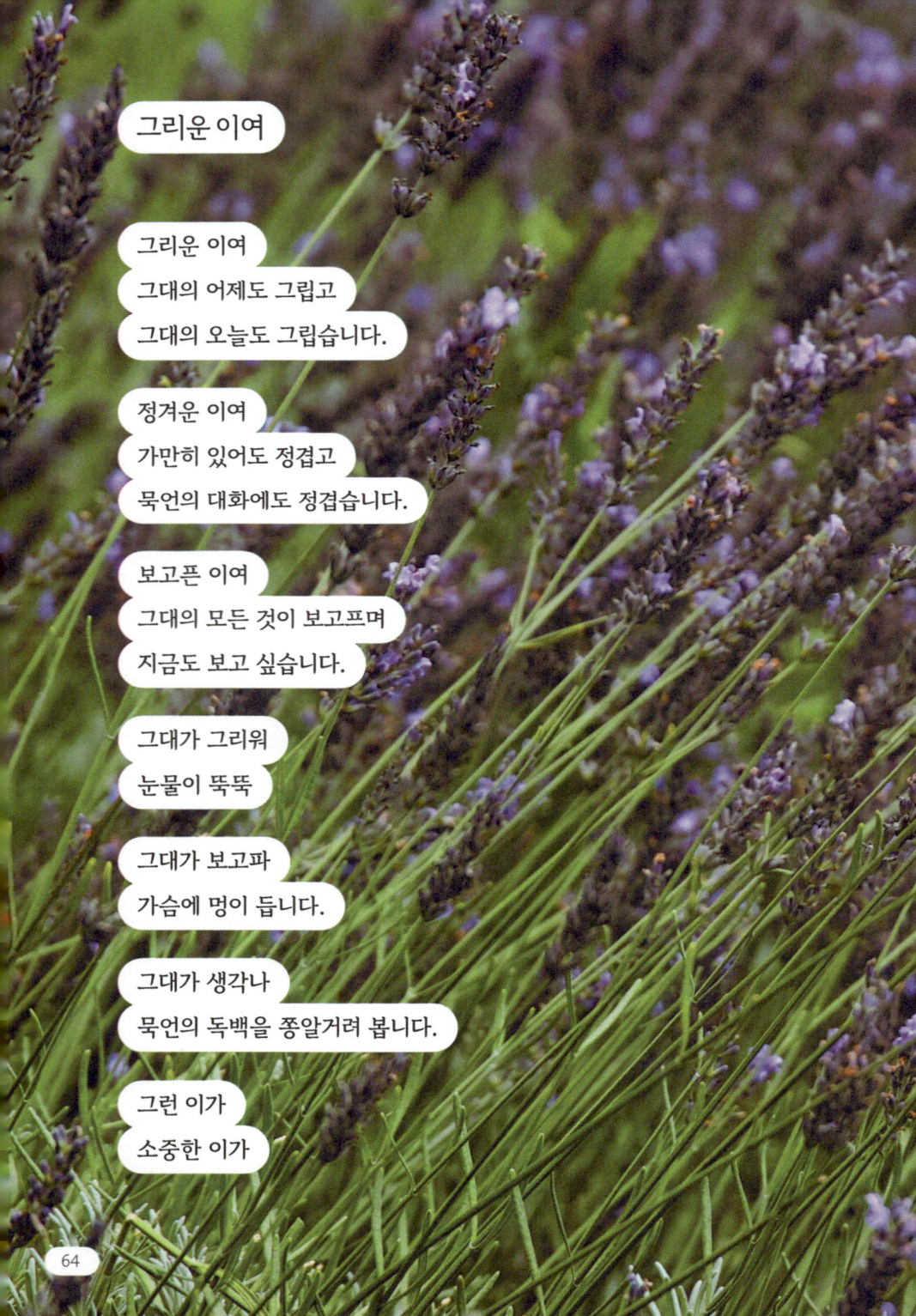

그리운 이여

그리운 이여
그대의 어제도 그립고
그대의 오늘도 그립습니다.

정겨운 이여
가만히 있어도 정겹고
묵언의 대화에도 정겹습니다.

보고픈 이여
그대의 모든 것이 보고프며
지금도 보고 싶습니다.

그대가 그리워
눈물이 뚝뚝

그대가 보고파
가슴에 멍이 듭니다.

그대가 생각나
묵언의 독백을 쫑알거려 봅니다.

그런 이가
소중한 이가

웃음이 나는 사람

생각날 때마다
웃음이 나고
생각날 때마다
그리워지고
생각날 때마다
보고파지는
그대가 있다는 것만으로도
마음이 든든하고
마음의 여유가 생기고
마음이 행복해지고
작은 일에도
감동할 수 있는
순수함을 느낄 수 있는
푸르른 소나무 같은
푸르른 상록수 같은
그런 변치 않는 사람이
다정다감한 사람이
그대이길
나이길
우리이길.

스치는 바람일지라도

난 오늘도 그대에게
시원한 바람으로
달콤한 바람으로
간지러운 바람으로
칭얼거리는 바람으로
스치는 바람으로
수줍은 바람으로
하나가 된 바람으로
너에게 가겠다.
그대도
바람이 되어
내 옆에 오면 좋겠다.
스치는 바람일지라도
내 옆에 오면 좋겠다.
내 옆에 오면 좋겠다.

우리의 인연

오늘도
난
나의 산봉우리에서
그대에게 외쳐 봅니다.
사랑합니다.
사모합니다.
그립습니다.
대가 없는 사랑을
바라지 않는 사랑을
아낌없는 사랑을
맑고 깨끗한 사랑을
하겠다고
울려 퍼져 가던 소리가
부딪혀 메아리로 돌아옵니다.
꽃 같은 인연
귀한 인연
소중한 인연
그 인연이 소중하다고
그 인연에 감사하다고
우리는 둘이 아닌 하나라고.

내 앞의 인연에 감사하자

오늘도
내 앞의 인연에
감사하자.
사랑하자.
격려하자.
배려하자.
공감하자.
소통하자.
긍정의 에너지를
주고받자.
꽃과 나비처럼
서로 상생 관계가 되어 보자.
인생은
인연으로부터
흐르고
갖추어지는 것
삶은 인연의 연결 고리인 것을.

그리워하는 마음

그리워하는 마음도
그대에게
전달될 것이며

보고파 하는 마음도
그대에게
전달될 것이며

사랑하는 마음도
그대에게
전달될 것이며

애잔한 마음도
그대에게
전달될 것이다.

에너지도 하나이고
우리도 하나이기에
주파수로
서로에게 전달될 것이니.

그도 나도

드높은 하늘은
어디에서도
그 누구에게도
보이며

반짝이는 별들도
어디에서도
그 누구에게도
반짝이며

꽃들의 환한 미소도
어디에서도
그 누구에게도
환한 미소로 답을 하겠지.

몸은 떨어져 있어도
지구라는 행성 안에
우리는 하나니까.
그도 같이 보고
그도 같이 느끼고 있겠지.
너와 나는 하나니까.
우리는 하나니까.

늘 위로할게

아무도
너의 힘듦
알아주는
이
없어도
내가
늘 위로할게.
내가
늘 공감할게.
내가
늘 격려할게.
내가
늘 사랑할게.
그
아픔에 맞춰
난
늘
항상
네 편이니까.
난
늘

항상
네 옆에 있으니까.

나의 마음 보따리

나의 마음 보따리에는
무엇이 담겨 있을까.
푸르른 하늘
넓은 바다
반짝이는 별
무한한 대자연
귀여운 얼굴들의 꽃
따뜻한 말
정다운 태도
밝은 미소
상큼한 웃음
무엇을 담을지는
나의 몫
이왕이면 긍정적인 것으로
담아 보자.
오늘도 살아 있음에
감사하며
나의 마음 보따리에는.

사랑은

사랑은
서로를 조금씩
기다려 줄 수 있어야 하며

서로의
입장에서 생각할 수 있으며

서로에게
무례하지 않으며

서로에게
시기하지 않으며

서로에게
이기적이지 않으며

서로에게
신뢰의 벽을 쌓는 법을
배우는 것이며

같은 방향으로 걷다가
때로는
마주 보기도 하는 것이
사랑이다.

자연스럽게 살아요

그대여
너무 잘하려
애쓰지도 말고
너무 완벽하려
애쓰지도 말고
너무 앞서가려
애쓰지도 말고
너무 힘들어하지도 말고
불꽃놀이와 유성이 아닌
은은한 빛이 되어
자연스럽게
흐르는 물처럼
중심을 잡고
유유히 살아요.
자연스럽게 살아요.

운무에 덮인 산도 산이다

먹구름이 덮인
운무가 가득한 산도
산이다.

그러나
운무로 덮인 산은
본래의 모습을
다 보여 주지 않기에
보이는 대로
들리는 대로
판단하게 된다.

운무에 덮여
보이지 않아도
산은 산인데
물은 물인데

보이는 것으로만
판단하지는 않았는지

내 고집대로만
주장하지는 않았는지
내 보이는 대로만
판단하지 않았는지.

추억으로 가는 비

이슬비가 내리는 것은
나의 탁함을
씻겨 보내라는 것이고

소낙비가 내리는 것은
정신 차리라는 것인데

내리는
비가
나를
추억 속으로 떠밀고 있네

잠시만 비를 맞이하다
다시 현실로 나와야겠다.

가끔은 추억이
살아가는 에너지가
되어 주기도 하니.

그대는 그런 사람입니다

그대는
내 마음 안에서
파도를 가르며
물보라를 일으키기도

꽃밭에 들어와
알록달록 화사한
꽃을 피우기도

시원한 바람이
되기도 합니다.

이름만 불러도
그리운 이여
그대는 나의 연인이며
그대는 나의 사랑이며
그대는 나의 전부입니다.

그대는
내게 그런 사람입니다.
나의 사랑 그대
그대는
내게 그런 사람입니다.

애달픈 나의 사랑아

그대와 나는
서로 마주 보며
도란도란 이야기도 나누고
서로 같이 웃음도 나누고
서로 같이 토닥여 주는
잔잔하면서
성난 파도 같은
그런 사랑이었습니다.

나 오늘도
그대에게 편지를 씁니다.
그대에게 부치지 못할 편지를
내 마음속 우편함에
고이 넣어 두려 합니다.

오늘도 난 당신 곁으로 달려갑니다.
이미 당신 곁에 가 있지만
문밖에서 서성이다 발길을 돌려 봅니다.
내 마음을 진정시켜 봅니다.

그대는 나 없이도
충분히 빛나고 있으니까요.

그대는 나 없이도
충분히 웃고 있으니까요.
나의 애달픈 사랑아.

내 사랑은

내 사랑은
언제나 그리움
언제나 쓸쓸함
언제나 외로움
언제나 목마름
같은 하늘 아래
있는 것만으로도
행복한 그대와 나
그대는
그 자리에서도
빛나고 있지만
내 마음속에서도
늘 반짝이고 있습니다.
오늘도 빛날 그대를
그리워합니다.
그대를 그리워합니다.
그대를.

그대를 닮아 가겠습니다

늘 잘해 왔다.
늘 잘한다.
늘 잘할 것이다.
늘 격려해 주는
그대가 있어 참 좋습니다.

오늘도
그대는 나를 웃게 합니다.
오늘도
그대는 나를 설레게 합니다.

그대는 내 곁에서
들꽃처럼 조용히 바라볼 뿐
하늘처럼 드높을 뿐
바다처럼 깊고 넓을 뿐

그런 그대가 있어
참 좋습니다.

나도 그대를 닮아 가겠습니다.

아픈 나의 연가를

애달프다 애달프다
가슴속 깊이 숨겨 둔 아픔아

흐느끼다 흐느끼다
누가 볼세라 깊숙이 숨겨 둔
눈물아

부르다 부르다
끝내 부르지 못한
사랑아

이제야 그 아픔도
이제야 그 눈물도
이제야 그 목마름도
보이고 들리는
내 삶의 아픔들아

이제는
내가 다독여 줄게.
내가 알아줄게.
내가 위로할게.
아픈 나의 연가를.

어젯밤 꿈속에서

나는 어젯밤 꿈속에서
사랑하는 그대의 손을 잡고
푸른 하늘 드넓은 푸른 초원을
뛰어다녔습니다.

예쁜 꽃들과
소곤소곤 속삭임도

하얀 토끼와
깡충깡충 뛰기도

세 잎 클로버를 따서
반지도 만들고

목이 긴 사슴과
눈을 껌뻑거리기도

무지개를 그리며
뛰어 보기도 했으며

반짝이는 별들이 쏟아지는 것을
담아 보기도 했습니다.
사랑하는 그대와 함께
사랑하는 그대 손을 놓지 않은 채.

노랗게 물든 은행잎

파란 은행잎 하나에
내 청춘 새기고
파란 은행잎 하나에
내 그리움 새기고
파란 은행잎 하나에
내 쓸쓸함 새기고
파란 은행잎 하나에
내 흐느낌 새기고
파란 은행잎 하나에
내 미소 새기니
어느새
파란 은행잎이
노랗게 노랗게 물들었네
나를 다독여 주듯이
나를 알아주듯이
나를 이해하듯이
노랗게
노랗게 물들었네.

코스모스꽃을 보며 인생을 논하다

여고 시절
학교 가는 언덕길에
코스모스꽃이
바람 부는 대로
빨강, 분홍, 노랑, 하양
색색으로 휘날리며 춤을 추었지
바람 부는 대로 휘날리는
코스모스가
주관 없다며
난 무척이나 싫어했는데
세월이 지나
내 나이 가을에 접어드니
바람 부는 대로
휘날리는 코스모스꽃을 보며
비로소 보이기 시작하는 것
비로소 들리기 시작하는 것
인생아
자연스럽게 살아가는 것이 인생이라는 것을
자연스러운 것이 가장 아름답다는 것을.

웃으며 살아 보리라

나의 한 방울 눈물이
한 송이 꽃이 되고
나의 소리 없는 미소가
지저귀는 새들의
합창이 되고
나의 애절한 외로움이
뭉게구름이 되어 떠도네
나의 그대 향한 그리움은
바람 되어 떠도는 것을
그대 귓가를 스치는 것을
그대는 아는지

이 세상에는 아픈 것도 많으며
이 세상에는 아파도 애써 웃으며
사는 이들도 많으며
꽃들도 아파하며 꽃을 피우기에
아픈 만큼 성숙해진다기에
아픈 만큼 성숙해진다기에
애써 웃으며 살아 보리라.
웃으며 살아보리라.
웃으며.

어머니

누구의 딸로
누구의 부인으로
누구의 엄마로
이름을 잊은 채
이름은 없는 듯
한평생을 사신
우리 어머니
세월이 흘러
몸이 아프고
마음이 아프고
정신이 온전치 못하니
그제야
불러 보는 그 이름
그제야
불리는 그 이름
어머니 당신도 이름이 있었지요.
당신의 이름도.

그대 이 새벽녘에

그대
이 새벽녘에
조용히 바람 되어
내 볼을 스치며 가시는군요.

그대
이 새벽녘에
반짝이는 별이 되어
내 눈을 밝히며 가시는군요.

그대
이 새벽녘에
숨죽이며 소리 내는
귀뚜라미가 되어 가시는군요.

그대
이 새벽녘에
초롱꽃 한 송이 두고 가시는군요.
그대
이 새벽녘에

그대의 슬픔이 나의 슬픔인 것을

지난 세월 돌이켜 보니
그대에게
다정하지 못했던
내가 거기에 있었고
그대에게
유연하지 못했던
내가 거기에 있었고
그대에게
포용하지 못했던
내가 거기에 있었고
그대를
아프게 했던
내가 거기에 있었고
그대를
이해하지 못한
내가 거기에 있었네

모든 것은 나의 못남이고
모든 것은 나의 잘못이었네

그대 가슴속의 슬픔도
나의 슬픔인 것을
그대 가슴속의 아픔도
나의 아픔인 것을
난 너무 철이 없어 몰랐었네
난 너무 어린아이 같아 몰랐었네
그대의 아픔을
그대의 슬픔을.

나의 자랑스러운 영원한 내 편

선물처럼
내게 와 준
내 사랑
내 전부
내 분신
네가 있어
난 웃을 수 있었고
네가 있어
난 힘낼 수 있었고
네가 있어
용기 낼 수 있었고
네가 있어
살아갈 수 있었던
나의 사랑아
언제나
넌
나의 자랑스러운 존재였단다.
언제나
넌
나의 희망이었단다.
언제나

넌
나의 웃음이었단다.
나의 사랑스러운
나의 자랑스러운
나의 영원한 내 편인
엄마 자식으로 와 줘서
너무 고마운 나의 사랑아.

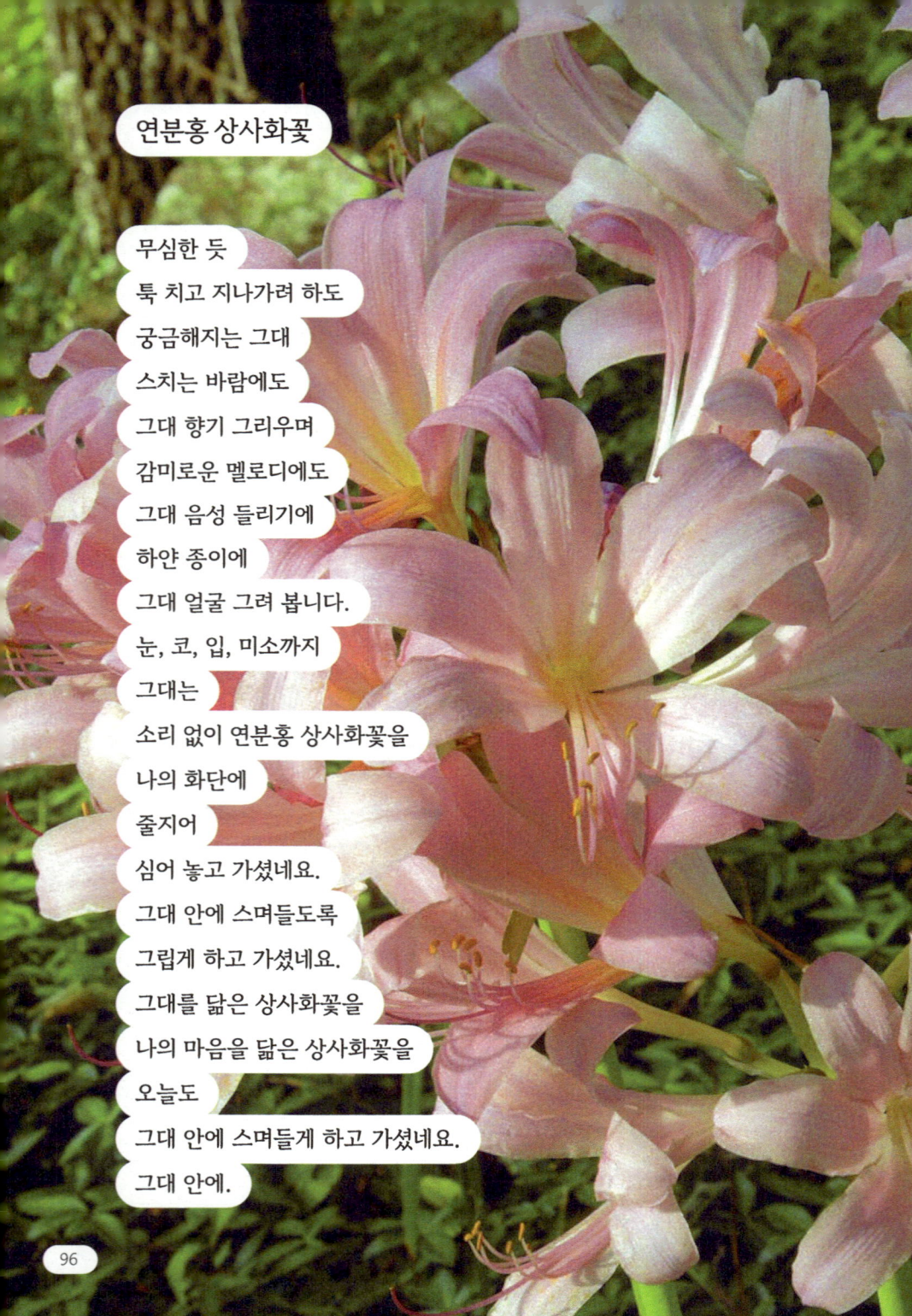

연분홍 상사화꽃

무심한 듯
툭 치고 지나가려 하도
궁금해지는 그대
스치는 바람에도
그대 향기 그리우며
감미로운 멜로디에도
그대 음성 들리기에
하얀 종이에
그대 얼굴 그려 봅니다.
눈, 코, 입, 미소까지
그대는
소리 없이 연분홍 상사화꽃을
나의 화단에
줄지어
심어 놓고 가셨네요.
그대 안에 스며들도록
그립게 하고 가셨네요.
그대를 닮은 상사화꽃을
나의 마음을 닮은 상사화꽃을
오늘도
그대 안에 스며들게 하고 가셨네요.
그대 안에.

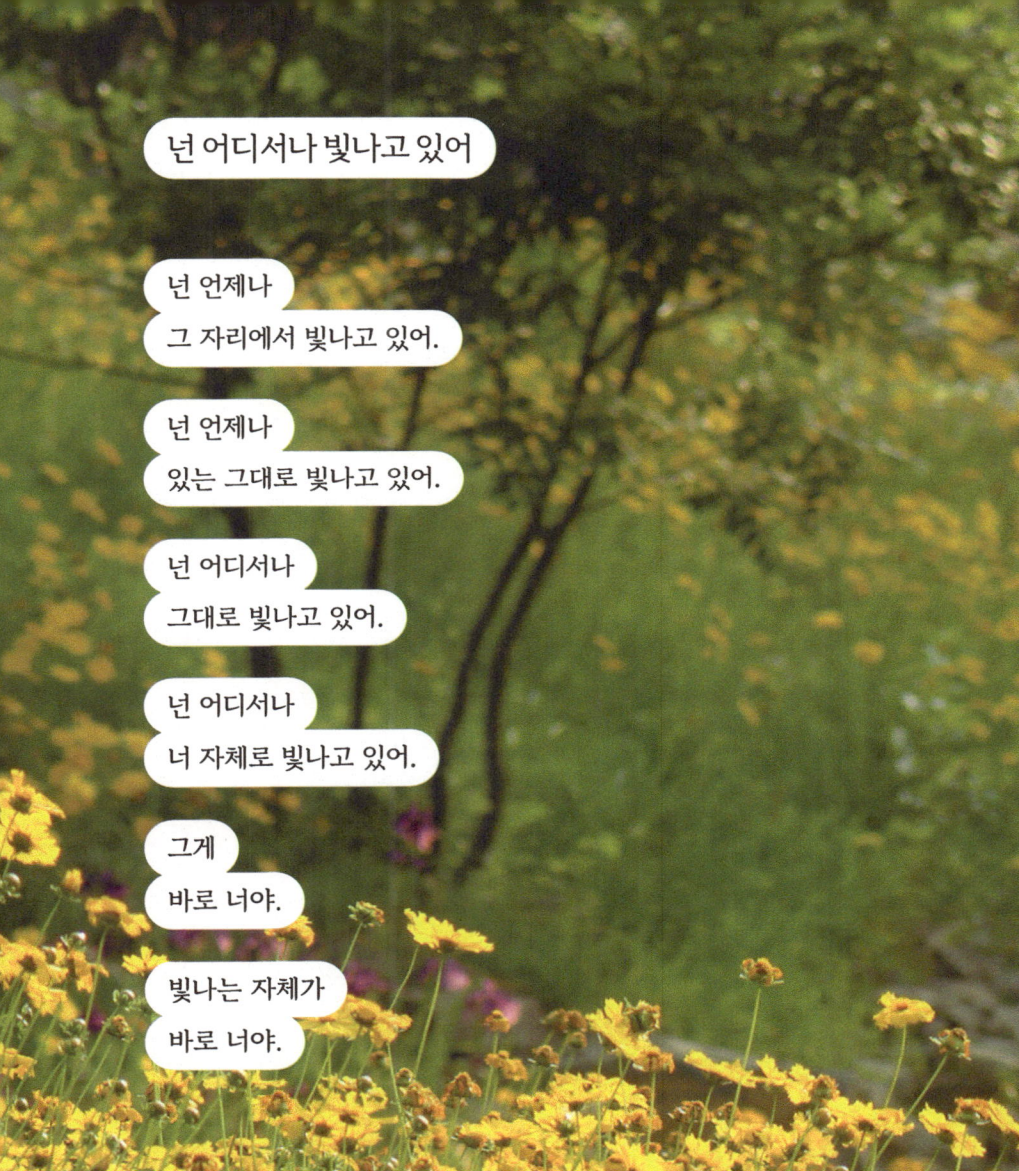

넌 어디서나 빛나고 있어

넌 언제나
그 자리에서 빛나고 있어.

넌 언제나
있는 그대로 빛나고 있어.

넌 어디서나
그대로 빛나고 있어.

넌 어디서나
너 자체로 빛나고 있어.

그게
바로 너야.

빛나는 자체가
바로 너야.

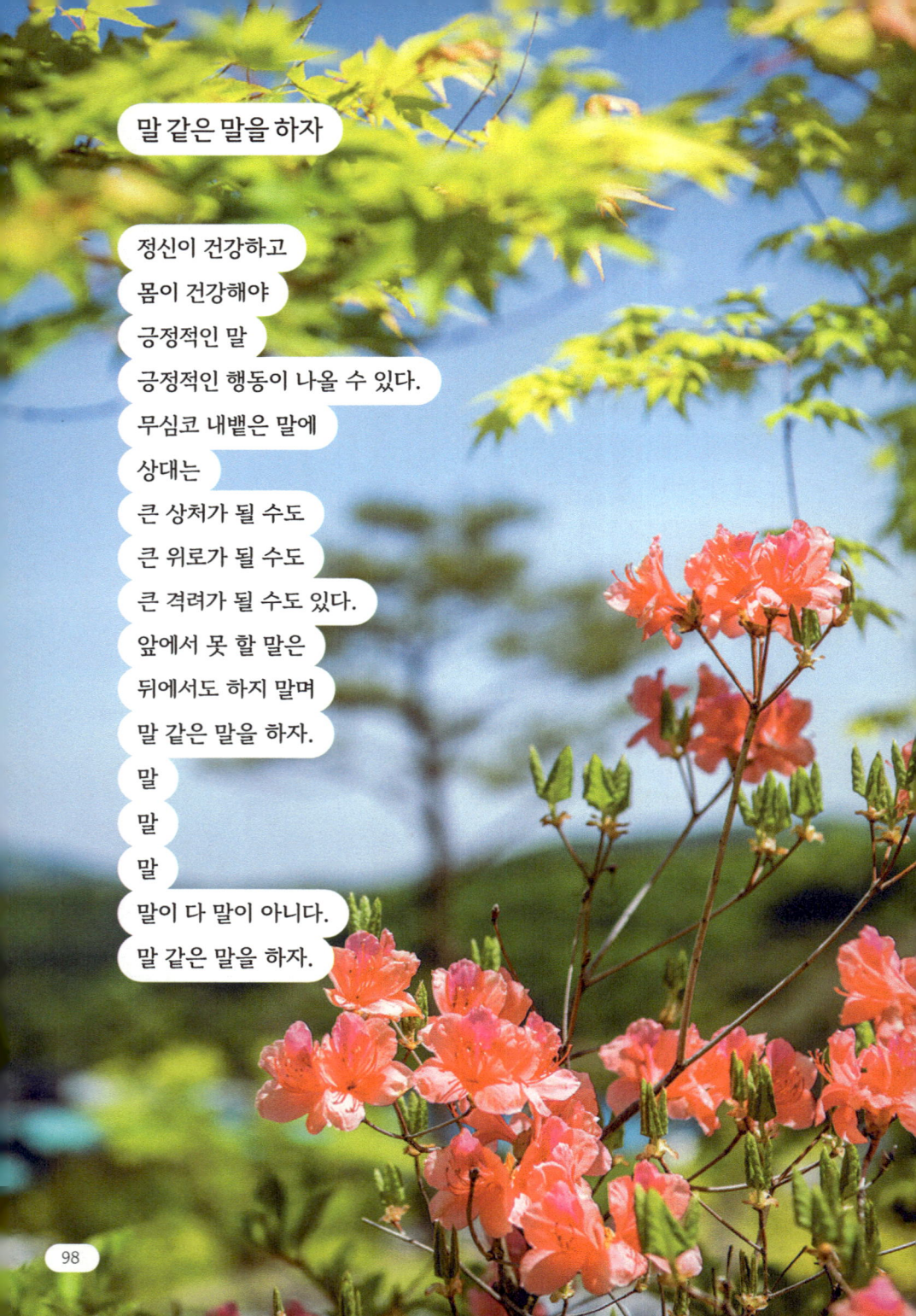

말 같은 말을 하자

정신이 건강하고
몸이 건강해야
긍정적인 말
긍정적인 행동이 나올 수 있다.
무심코 내뱉은 말에
상대는
큰 상처가 될 수도
큰 위로가 될 수도
큰 격려가 될 수도 있다.
앞에서 못 할 말은
뒤에서도 하지 말며
말 같은 말을 하자.
말
말
말
말이 다 말이 아니다.
말 같은 말을 하자.

삶이란

삶이란
부족함을 느끼며
흔들림 속에서
쫓기듯 살아가는 것

삶이란
결국 나를 찾는 것

삶이란
집중하지 못하면
좋은 인연도
맛있는 음식도
마음의 양식도
눈에 들어오지 않는 것

잠시 쉬며
나를 관찰할 때
비로소 보이는
나
그럴 때가
진정한 쉼이
진정한 삶이 보인다.

돌고 도는 인생

분노하면
상대보다 내가
더 힘듭니다.
미워해도
상대보다 내가
더 힘듭니다.
꽃다발 선물을 했는데
상대가 받지 않으면
그 꽃다발은
상대 것이 아니라
내 것입니다.
미움의 부정적인
선물을 줬는데
상대가 받지 않으면
그 부정은 내 것이 됩니다.
상대를 위한다는 생각으로
독단적인 행동과 말을
하면 안 됩니다.
긍정은 다시 긍정으로
사랑은 다시 사랑으로
우리네 인생사는
돌고 도는 동그라미니까요.

우리는 환자가 아니니까요

병원에 가면
아픈 사람이 환자입니다.
내 앞의 사람과
소통하다
서로 잘 맞지 않다고
속상해하면
속상한 사람이
환자입니다.
잘난 척으로
아는 척으로
있는 척으로
상대를 무시하면
상대가 환자가 아니고
내가 환자입니다.
오늘도
있는 그대로 받아들이며
순수하게
여여하게
순리대로
자연스럽게 살아 보렵니다.
우리는 환자가 아니니까요.

동그라미 안에서 나오자

동그라미 안에서
나오기 힘들다고
나갈 수 없다고
내 생각에 잡혀
내 집착에 갇혀
동동 발만 구르고 있는 나
동그라미를
지우거나
한 발 내디뎌 나오면
그만인걸
왜 나오지 못하고 동동거리는지
한 발 내디뎌 보자.
알에서 깨어 나오듯
고정관념을
깨고 나오면 되는 것을.
모든 것은 나 하기 나름인 것을.

그는 다른 별에서 왔다

상대방을 있는 그대로
바라보아 주자.
그는 다른 별에서 왔기에
다를 수밖에 없다.
나한테 맞추어 달라 하지도 말자.
그는 그의 별에서 살았던 방식대로
당연히 살아가는 거니까.
그는 그의 별에서 살았던 생각대로
당연히 살아가는 거니까.
나하고 말이 다르고
나하고 행동이 다르고
나하고 표현이 다름도
그대로 인정해 주자.
이것이 겸손이고
이것이 배려이고
이것이 순리대로 살아가는 것이고
있는 그대로 받아들이는 것이니.

상대를 위한 마음으로

인생사
최대 공부는
인연 공부입니다.
30대는
사회 공부를 하며 성장할 시기이며
40대는
불혹의 나이
어떤 것에도 흔들림 없는
내 갖춤이 있어야 할 시기이며
50대는
지천명
하늘과 땅의 힘을 받아
멋진 인생을 살아야 할 시기이며
60대 이후에는
욕심과 집착에서 벗어나
큰 생각으로
큰 마음으로
홍익인간으로 살아야 할 시기입니다.
먹고살려고만 하면
낮은 정신 질량이기에
높은 정신 질량으로

나부터 사랑하자

사랑받지 못한 사람은
사랑을 할 줄 모른다.
햇볕 쬐는 날
후드득
지나가는 비일지라도
옷은 젖듯이
콩나물시루에
물을 주면
주르륵
금방 빠져 버리지만
콩나물은
물을 머금고 크듯이
나부터 사랑하자.
사랑의 씨앗이
사랑의 열매를 맺을 테니까.
긍정의 씨앗이
긍정의 열매를 맺을 테니까.

상대를 있는 그대로 인정하자

나무를 보더라도
옆에서 보느냐
위에서 보느냐
아래에서 보느냐
보는 각도에 따라
다르게 보인다.
내가 보는 각도의 답도 맞지만
상대가 보는 각도의
답도 맞다.
내 주장의 말만
맞는 것이 아니기에
상대를 있는 그대로
인정하고 존중하며
겸손하자.

자연의 사랑이 엄마의 사랑

아카시아꽃에게는
깨끗한 마음과
순수한 마음을 배우며
아카시아 효능은
이뇨 작용으로
비우고 살아야 함을 배우며
아카시아꽃은
벌과 나비, 곤충, 사람들에게
꿀을 내어 주는
아낌없는 사랑을 배우며
아카시아꽃은
아래로 아래로 향하는
겸손함을 배우며
아카시아 향기는
기분 좋게 하는
자연 치유를 줍니다.
아카시아꽃은
아낌없이 내어 주는
자연의 사랑이며
엄마의 사랑입니다.

나의 그릇은 어떠한가

소낙비가 세차게 내려도
이슬비가 소리 없이 내려도
내 마음의 그릇에
내 정신에
내 영혼에
구멍이 나 있다면
빗물 한 방울도 받을 수 없을 것이다.

나는 지금 어떠한가?
나는 지금 정신 차리고 있는가?
나는 지금 순리대로 살고 있는가?
나는 지금 빗물 한 방울도
받지 못하게 금이 간 것은 아닌가?
나의 그릇은 어떠한가?

정신을 집중하며
정신 차리고 살아 보자.

큰 그릇이 아닐지라도
작은 그릇일지라도
반듯한 그릇의 마음과 정신이라면
조금씩 조금씩 빗물이
찰 것이다.

물을 보고 배우는 인생길

물은 자연의 순리에 따르며
역행하지 않습니다.
물은 흐르다 막히면
돌아갑니다.
물은 흐르다 갇히면
채우고 넘어갑니다.
물은 머물지 않고 흐릅니다.
물은 자리를 다투지 않고 더불어
함께 흐릅니다.
윗물은 파도가 일어나도
깊은 물속은 흔들림 없이
고요하고 잔잔합니다.
물에는 많은 생활의 지혜가 있습니다.
사랑, 겸손, 융합, 순수함, 맑고
깨끗함, 배려, 정신, 하나...
우리도 맑고 깨끗해야
상대를 이롭게 하고
쓰임새 있는 사람이 될 수 있습니다.
우리네 인생사도 물처럼 쓰임새 있는 사람이 되어야 합니다.

감사하는 마음으로

행복이란?
불행하다 생각하지 않는 것
건강이란?
지금 움직일 수 있는 것
웃음이란?
지금 울지 않는 것
나이 들면?
내 손으로 할 수 있고
내 다리로 걸을 수 있고
먹고 싶은 것 먹을 수 있고
사람끼리 소통할 수 있는 것이
최고의 행복이다.
우리는 상대만 보고
나는 보지 못하기에
감 놓아라, 배 놓아라 한다.
현금, 황금, 지금 중
가장 중요한 지금
정신 차리고
감사하는 마음의 습관으로 살아 보자.
오늘도 감사하는 마음으로 살아 보자.
감사하는 마음으로.

말 같은 말을 하자 2

말 같은 말을 하자.
쓸데없는 말
이해되지 않는 말
지겨운 말
계산이 들어간 말
상대를 어렵게 하는 말은
하지 말자.
상대가 이해하지 못하면
입을 닫자.
내 갖춤에 따라
말이 나오니
대화의 중심에 나를 두지 말며
말 같은 말을 하자.

비워야 생기는 여유

오늘도
자연스럽게
물 흐르듯이
바람 부는 대로
살아 보자.
내 생각 안에
타인의 생각 안에
나를 가두지 말고
자연스럽게
유연하게
살아 보자.
여백이 있어야
비워야 생기는
여유를 가져 보자.
자연스럽게
여여하게
정신 차리고
살아 보자.

내가 보고 싶은 대로 보이고 들리는 세상

붉은 안경을 끼고
세상이 붉다 탓하고
푸른 안경을 끼고
세상이 푸르다 탓하고
검은 안경을 끼고
세상이 어둡다 탓한다.
네모난 곳에서 보면
세상이 네모나게 보이고
둥근 곳에서 보면
세상은 둥글게 보인다.
내가 보고 싶은 대로
세상은 보이고 들릴 것이다.
세상은 내 눈으로 보고
세상은 내 잣대로 보니까
세상을 제대로 보자.

알아차리기

그늘에 앉아 춥다고
징징대지는 않았는지
햇볕을 쬐면서
덥다고 투덜대지는 않았는지
맛난 음식을 먹고도
배부르다 짜증을 내지는 않았는지
손에 쥐고도 가진 것 없다
불만을 나타내지 않았는지
오늘도 참회하고
알아차리며
최선을 다해 봅니다.
모든 것은 내 마음먹기에 달렸으니까요.

말이 다 말이 아닙니다

말이 다 말이 아닙니다.
주장 강한 말
감정이 들어가 있는 말
혼자만의 말
잘난 척하는 말은
말이 아닙니다.
따뜻한 말
위로와 격려의 말
소통이 되는 말
꾸밈없는 말
자연스러운 말은
부메랑처럼
내게 다시 돌아옵니다.

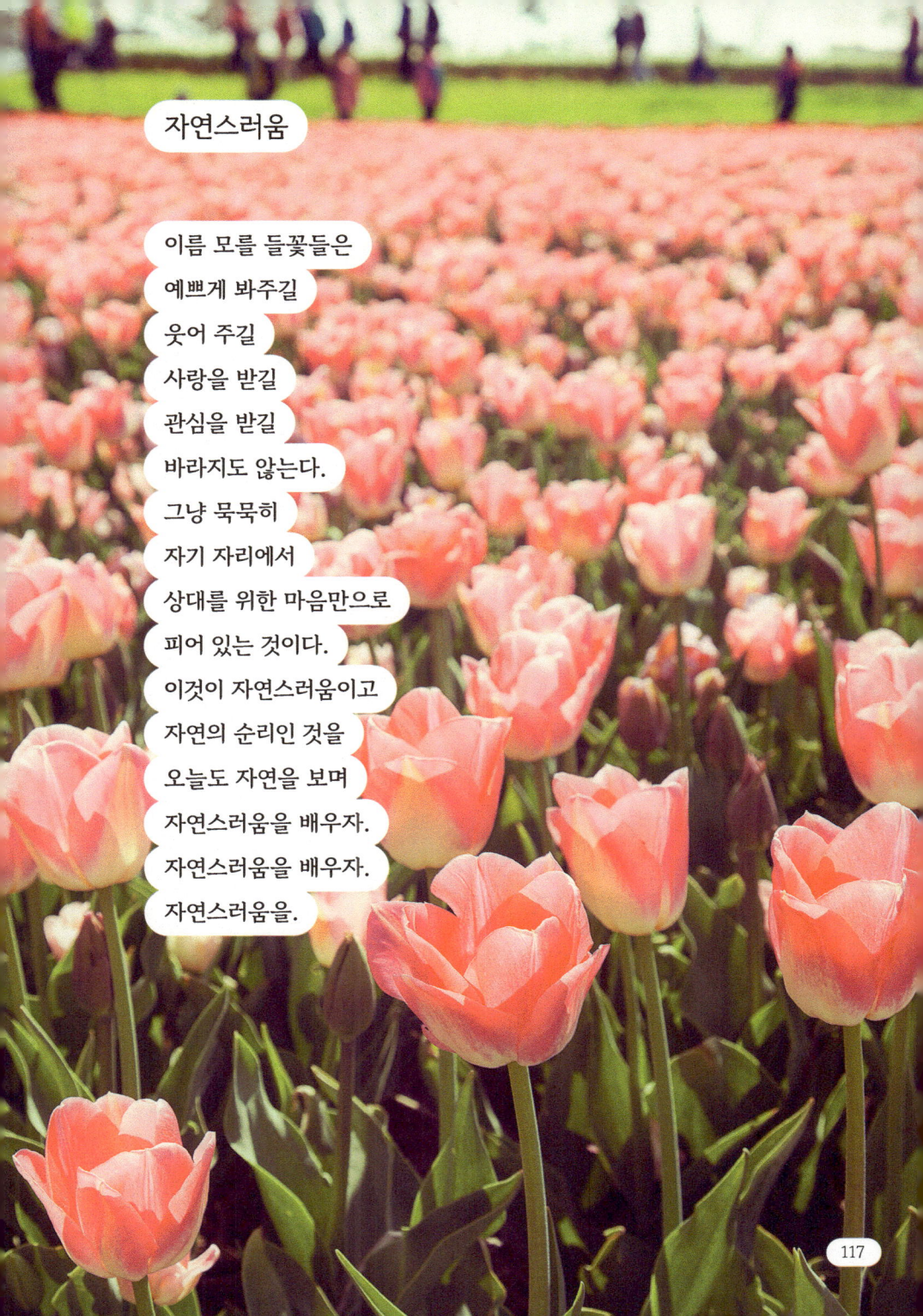

자연스러움

이름 모를 들꽃들은
예쁘게 봐주길
웃어 주길
사랑을 받길
관심을 받길
바라지도 않는다.
그냥 묵묵히
자기 자리에서
상대를 위한 마음만으로
피어 있는 것이다.
이것이 자연스러움이고
자연의 순리인 것을
오늘도 자연을 보며
자연스러움을 배우자.
자연스러움을 배우자.
자연스러움을.

나이가 든다는 것은

나이가 들수록
세월이 흐를수록
시간이 지날수록
내가 생각하고 싶은 대로
생각하고
내가 듣고 싶은 대로
듣고
내가 이해하고 싶은 대로
이해하고
내가 말하고 싶은 대로
말한다.
소통을 잘 하기 위해서는
경청을 잘 하는 것.
오늘도 바르게 듣자.
귀만 열고 듣는 척하지 말고
제대로 듣자.
나이가 들수록 제대로 살아 보자.

시절인연

봄이 오면
겨울이 가고
여름이 오면
봄이 가듯이
나와의 인연이 있으면
내 곁에 머물 것이고
나와의 인연이 끝났다면
내 곁을 떠날 것이다.
인연은 그런 것이다.
시절인연은 그런 것이다.
떠날 인연을 억지로 붙잡지도 말자.
인연이 떠난다며
새로운 인연이 오는 것을
물 흐르듯이 살아가자.
오늘도
나의 인연을 힘들게 하지 말며
순리대로 살아가 보자.

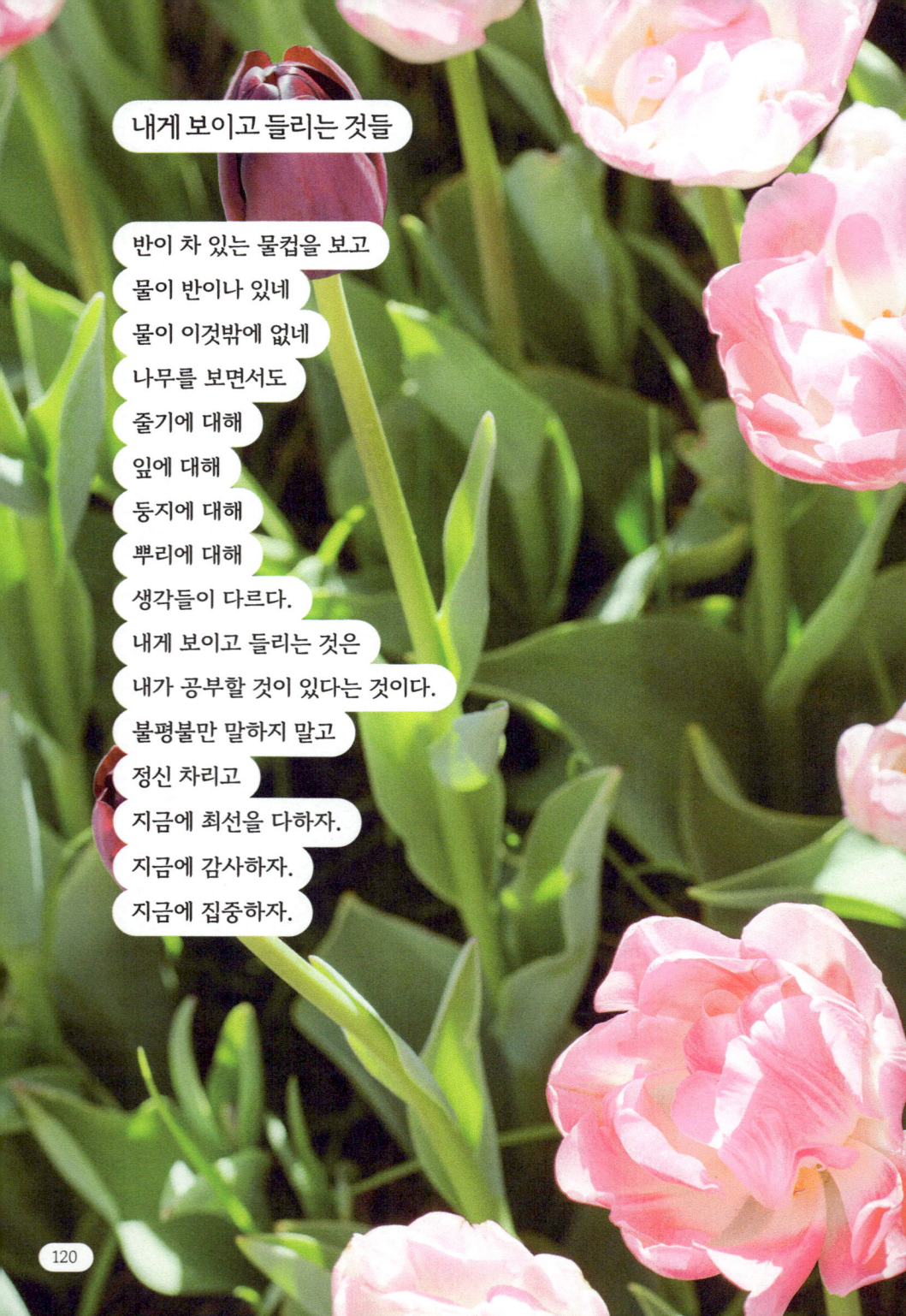

내게 보이고 들리는 것들

반이 차 있는 물컵을 보고
물이 반이나 있네
물이 이것밖에 없네
나무를 보면서도
줄기에 대해
잎에 대해
둥지에 대해
뿌리에 대해
생각들이 다르다.
내게 보이고 들리는 것은
내가 공부할 것이 있다는 것이다.
불평불만 말하지 말고
정신 차리고
지금에 최선을 다하자.
지금에 감사하자.
지금에 집중하자.

순수한 마음으로 감사하자

눈 뜰 수 있음에 감사하자.
숨 쉴 수 있음에 감사하자.
소통할 수 있음에 감사하자.
느낄 수 있음에 감사하자.
움직일 수 있음에 감사하자.
사랑할 수 있음에 감사하자.
필요로 하는 곳이 있음에 감사하자.
알아차릴 수 있음에 감사하자.
정신 차릴 수 있음에 감사하자.
바라지 않는 마음으로 감사하자.
순수한 마음으로 감사하자.

상대의 모습이 내 모습입니다

내 모습은
잘 보지 못하고
잘 알지 못하며
상대의 말과
상대의 행동과
상대의 허물만
잘 보입니다.
상대의 모습에서
내 모습을 보고
스스로 눈을 뜹시다.
눈을 감고
세상이 어둡다 하지 말고
흰 바탕에 다른 색을 칠하면
본연의 예쁜 색이 칠해지지만
검은 바탕에 다른 색을 칠하면
다 검게 나오듯이
상대를 보고 나를 깨우칩시다.
상대의 모습이 내 모습이니까요.
우리는 지구에서도
우리는 우주에서도
우리는 다 하나니까.

어른답게

나이가 든다는 것은
내 생각에 따라
웃기도 하고
울기도 하고
행복하다 느끼기도 하고
슬프다 느끼기도 하는
감정들에 따라
정신 줄을 놓는 일이
늘어난다는 것
오늘도 정신 줄을 잡고
살아 보자.
중심을 잡고
살아 보자.
나이 든 사람답게.
어른답게.
어른스럽게.

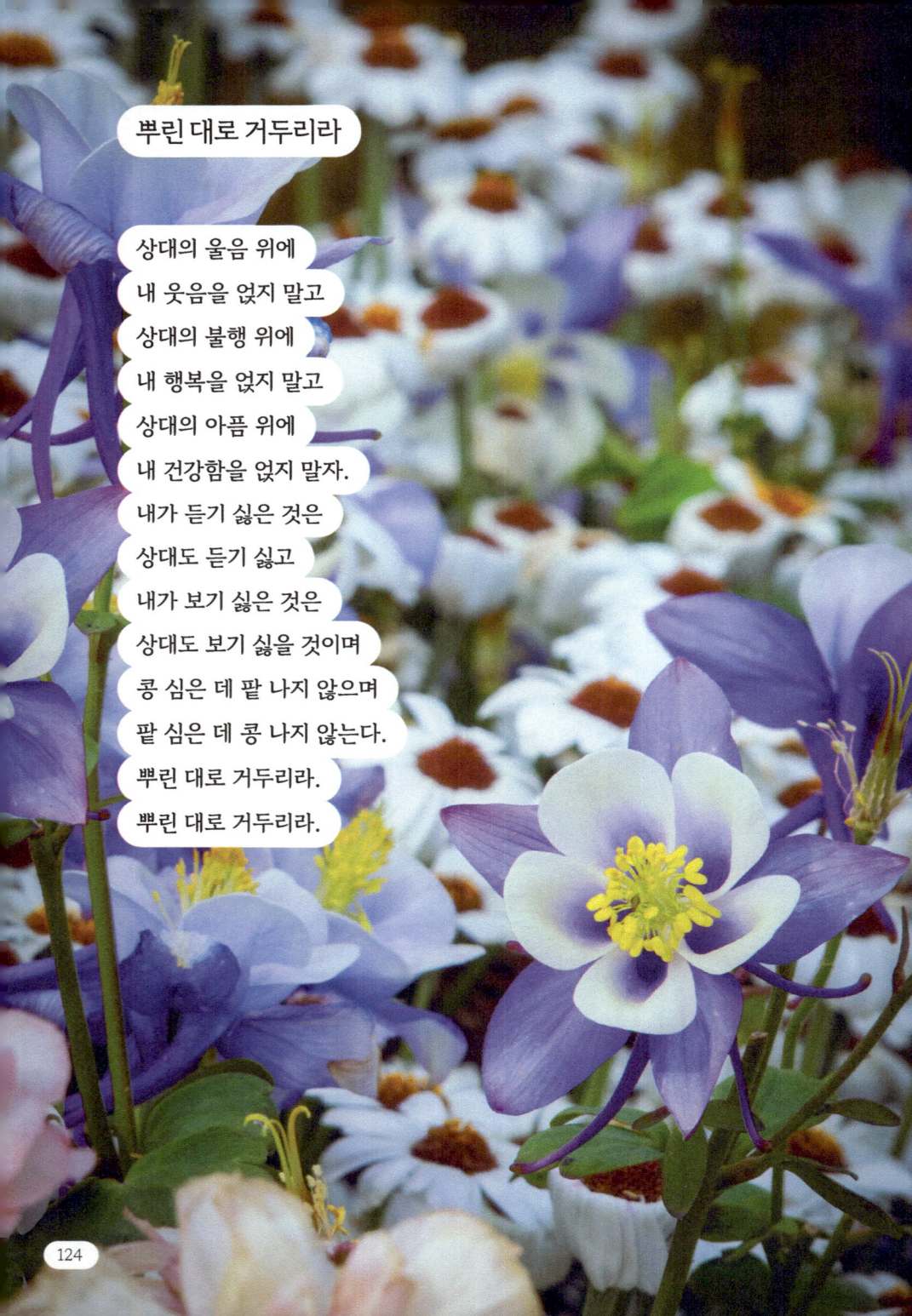

뿌린 대로 거두리라

상대의 울음 위에
내 웃음을 얹지 말고
상대의 불행 위에
내 행복을 얹지 말고
상대의 아픔 위에
내 건강함을 얹지 말자.
내가 듣기 싫은 것은
상대도 듣기 싫고
내가 보기 싫은 것은
상대도 보기 싫을 것이며
콩 심은 데 팥 나지 않으며
팥 심은 데 콩 나지 않는다.
뿌린 대로 거두리라.
뿌린 대로 거두리라.

마음 크기 키우기

큰 호수에 돌을 던지면
파동이 금방 사라지나
작은 옹달샘에 돌을 던지면
파동은 오래간다.
내 마음은
호수인가
옹달샘인가
오늘도 내 마음의
크기를 크게 가지고
파동이 일면 빨리 알아차려
큰 파동이 생기지 않도록
마음의 크기를 키워 보자.

나의 그릇은 어떠한가 2

그릇도 쓰임새에 따라
다르다.
밥을 담으면 밥그릇
국을 담으면 국그릇
물을 담으면 물그릇
둥근 그릇
네모난 그릇
세모난 그릇
나의 그릇은 어떠한가?
국을 담고
밥그릇을 찾고 있지는 않은지?
찻잔을 들고
국그릇을 찾고 있지는 않은지?
쓰임새를 제대로 알자.

흔들리면서 중심을
잡는 것이 인생이다.
중심을 제대로 잡아 보자.

인연과 환경은 내 갖춤에 따라

내 앞의 인연과 환경은
내가 갖춘 만큼 온다.
내 앞의
인연과
환경을
탓하기 전에
나부터 갖춰야 한다.
굳어 있지 말며
불평하지 말며
시시비비 가리지 말며
따지지 말며
내 욕심으로 상대를
대하지 말며
서로에게 에너지를
줄 수 있는 상생 관계로
벌과 꽃처럼 상생 관계로
내가 갖춘 만큼 환경과 인연도 오니까.

모든 문제와 답은 내 안에 있다

빛이 빛나는 건
어둠이 있기 때문이고
일 등이 있는 건
꼴찌가 있기 때문이고
가진 것이 없다는 건
가진 것이 있는 가치에서
느끼는 것이다.
모든 문제는 내 안에서
일어나고
모든 답 또한 남으로부터
찾는 것이 아니라
내 안에 답이 있다.
모든 문제도 내 안에.
모든 답도 내 안에.

상대의 모습에서 내 모습이 보인다

우리는 말로는
상대를 위한다 하면서
그 사람의 입장에서
생각하고
말하고
행동하는 것은
뒤로한 채
결국은 내 입장에서 말합니다.
역지사지라는 말을
늘 하면서도
실천하기는 힘듭니다.
오늘은 상대를 있는 그대로
인정하고
상대에게서 내 못난 점을
찾아 고쳐 나가 봅니다.
상대가 나고
상대가 자연이고
우리는 하나니까.

바른 분별력

우리는 살아가면서
늘 선택을 한다.
뭘 먹을지
어디부터 가야 할지
웃어야 할지
화를 내야 할지
지금의 내 모습은
내가 어떻게 살아왔는지를
보여 주는 거울이다.
대충 끌려다니며 살 것인지
바른 분별력으로
맑고 깨끗하게 살 것인지
몸이 아프거나
마음이 아프다면
잠시 멈추고
내 안에서 답을 찾아보자.
문제의 답은
내 안에 있으니까.

우울증

우울증은
고집이 세고
잘난 척하고
똑똑한 척
하는 데서 옵니다.
상대를 인정하려면
지극히 겸손해야 하며
철저히 겸손해야 하며
상대를 존중해야 합니다.
옳고 그름도 없고
맞고 다름도 없고
잘나고 못남도 없고
높고 낮은 것도 없고
행복과 불행도 없습니다.
내 식을 깨고
내 분별을 내려놓고
내 고정관념을 깨고
보고 들리는 것을
자연의 소리로 들어야 합니다.

쓰임새 있는 그릇

나의 그릇은 어떠한가?
작은 찻잔인가?
밥그릇인가?
큰 사발인가?
그릇이 크더라도
그 그릇이
탁함으로 채워졌다면
아무 데도 쓰임새 없고
목마른 이에게
물 한 모금도 줄 수 없다.
그릇이 작더라도
깨끗하고 맑다면
갈증 난 이들에게
생명수 같은 한 모금의 물이라도
줄 수 있는 그릇이 될 것이다.
그릇이 크다
그릇이 작다
하기 전에
깨끗하고 청량감 있는
맑은 물을 담을 수 있는
생명수 같은 존재의 그릇이 되어 보자.
생명수 같은 존재의 그릇이 되어 보자.

생각의 틀에서 벗어나자

들이쉬고
내쉬고
스스로 살아가는 삶
한 백 년 사는 삶인데
뭐 그리 아옹다옹
살고 있는가
생각의 틀에서 벗어나자.
익숙한 생각의 틀에 갇히면
고정관념이 되는 것
틀이 더 굳어지기 전에
벗어나자.
보고
들리고
먹고
말하는
모든 것에 감사하자.
기쁨과 평화
감사와 행복으로
모든 것에 감사하자.

상대를 위해 살다 보면

빗물이 모여
시냇물이 되고
시냇물이 모여
강물을 이루며
강물이 모여
모든 것을
다 품은
큰 바다가 되듯이
어두운 곳에
불을 밝히다 보면
내 앞이 먼저 환해지고
상대를 위해 살다 보면
내 마음이 먼저 맑아질 것이다.
웃다 보면 웃을 일이 많아지고
집중해서 살다 보면
정신은 늘 깨어 있고
내 마음자리는
출렁임도 잠시일 뿐
다시 평온해질 것이다.

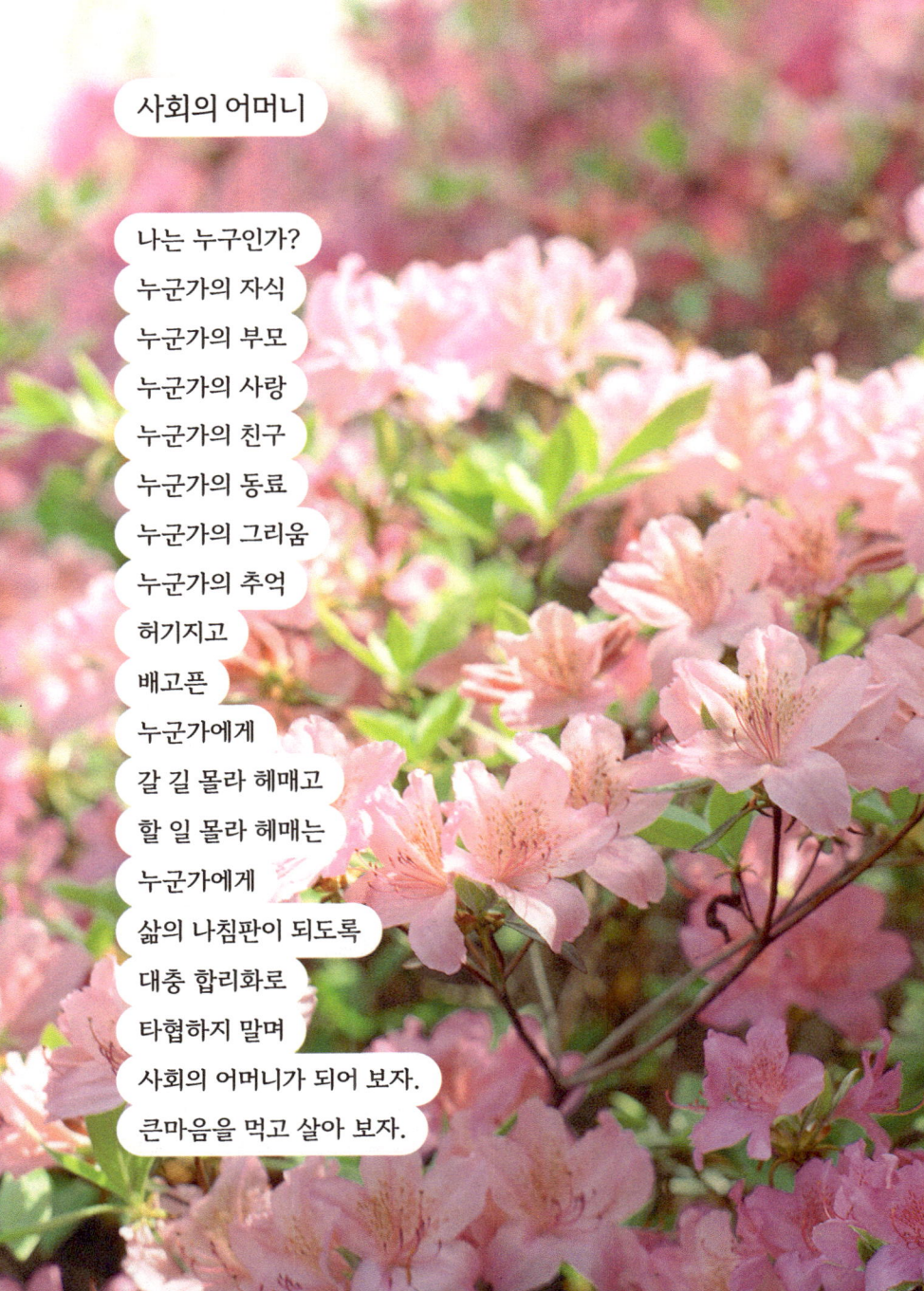

사회의 어머니

나는 누구인가?
누군가의 자식
누군가의 부모
누군가의 사랑
누군가의 친구
누군가의 동료
누군가의 그리움
누군가의 추억
허기지고
배고픈
누군가에게
갈 길 몰라 헤매고
할 일 몰라 헤매는
누군가에게
삶의 나침판이 되도록
대충 합리화로
타협하지 말며
사회의 어머니가 되어 보자.
큰마음을 먹고 살아 보자.

세상 그 어떤 것도 흔들리면서 피었다

나는 지금
행복하다 느끼는가
불행하다 느끼는가
내 앞의 길은
가시밭길인가
꽃길인가
내 앞의 인연들이
미운가
사랑스러운가
모든 것은
내 안에서 일어나는
내 마음인 것이다.

이 세상의 아무리 예쁜 꽃도
비바람에 젖고
흔들리면서 피었다.
내 앞의 환경에
내 앞의 인연에
감사하며
겸손하며
받아들이며

무심히 바라보기

마음의 아픔은
약을 먹어도 임시방편일 뿐
잠시 뒤로 물러나
나를 무심히 바라보자.
나를 무심히 관찰하자.
내가 변하지 않고
한자리에 머물고 있기에
조그만 일에도
화가 올라오며
곱씹게 된다.
흐르는 물처럼
받아들이며
흐르는 물처럼
화합하며
흐르는 물처럼
순리대로 살아 보자.
에너지가 넘치며
쓰임새 있는 사람이 되어 보자.
무심히 바라보면 보이는 진정한 나.

에너지

상대를 기분 나쁘게
하는 말은
나쁜 에너지가 되어
내게 다시 돌아오고
상대한테 필요한 말은
좋은 에너지가 되어
내게 다시 돌아온다.
나는 잘한다고 하나
상대가 듣기 싫어하고
상대가 지겨워하면
입을 닫자.
친한 사이일수록
믿는다는 생각에
상처가 되는 말을 하게 된다.
내 앞의 상대가 하는 말이
나에게 필요한 최고의 에너지이기에
긍정 마인드로 잘 듣고
쓸데없는 말은 하지 말자.

적당히 버릴 줄도

지나친 관심도
간섭이 될 수 있고
지나친 사랑도
집착이 될 수 있으며
지나친 웃음도
상대가 오해할 수 있다.
넘치지 않게
적당히
적당히
버릴 줄도
내려놓을 줄도 아는
하루를 살아 보자.

바라지 않는 사랑

내 앞의 인연을
있는 그대로 인정해 주자.
지나친 관심도
지나친 사랑도
지나친 간섭도
상대에게는
부담이 될 수 있다.
무엇인가를 주더라도
무엇인가를 받더라도
대가를 바라지 말자.
그래야
서운함이 없고
섭섭함이 없다.
내 앞의 상대를
있는 그대로 인정해 주자.

내 갖춤에 따라오는 인연들

하루아침에
좋아지고 나빠지는 것은 없다.
건강도
내가 무관심했기에
나빠진 것이고

인연도
내 갖춤이 부족했기에
떠난 것이고

경제도
내 욕심이 가득 찼기에
없어진 것이다.

메마른 가지에
갑자기 물을 주면
뿌리가 썩듯이
지금 힘들면
조금만 여유 있게
살아 보자.

내 갖춤에 따라
인연도, 건강도, 환경도
오니까.

무료가 아닌 자유에 감사하며

우리가 누리는
자유는
무료가 아닙니다.
많은 이의
희생과 헌신을 통해
얻은 것입니다.
영웅도
태어나는 것이
아니라
역경과 고난을
통해 형성된 것입니다.
오늘도
감사하며
오늘도
또 감사하며
살아 봅시다.
이 자유를
이 평화를.

마음의 문 활짝 열기

외로움은
내 안의 틀에
내가 갇혀 있으며
내 안의 틀에
상대도 갇혀 있길
바라기 때문이다.
마음의 문을
활짝 열고
상대의 말을 들어 주고
상대를 이해하고
상대를 사랑하며
상대한테 맞추어 주면
상대도
마음의 문을 활짝 열 것이다.
외로움은
내가 잘난 척하는 데서 온다.
있는 척하는 데서 온다.
아는 척하는 데서 온다.
마음의 문을 활짝 열어 보자.

그제야 보이는 것들

뜨거운 냄비를 만졌다
놀라서 놓은 적이 있는가
욕심도
집착도
뜨거운 냄비처럼
빨리 놓지 않으면
괴로움이 따를 뿐이다.
김치를 담글 때도
배추에 소금을 뿌려
숨을 죽이듯
그동안 부정적인 습관들을
숨을 죽이자.
소금을 쳐서 숨을 죽이자.
그래야
그제야
보이는 것들이 있으니까.

이기심을 버리고 살아 보자

내 욕심으로
내 생각으로
내 판단으로
내 행동으로
상대에게 아픔을
주지 않는지
상대에게 힘듦을
주지 않는지
바른 생각으로
바른 분별력으로
상대를 위한
마음으로 살아가자.
세상은 더불어
살아가는 삶
이타심으로 살아가기 힘들다면
오늘도 이기심을 버리고 살아 보자.
그렇게 살아 보자.

자연스럽게 살아 보기

미워하는 마음도
부딪히는 마음도
원망스러운 마음도
혼란스러운 마음도
모든 문제는
내 안의 욕심
내 안의 주장
내 안의 고집
내 안의 부정에서
일어난 것입니다.
내가 출렁인다면
내 주위도 다 출렁일 것입니다.
부딪히면 돌아가고
융합하며
위에서 아래로 흐르는
물처럼 자연스럽게
살아 봅시다.
유유히
자연스럽게.

시작도 끝도 없는 인생길

시작이 있으면
끝이 있고

만남이 있으면
이별도 있고

오는 것이 있으면
가는 것도 있는 것

언제나
그 중심에 있는 나
무심히 바라보는 나

그래서 인생은
무시무종
시작도 끝도 없다.
만남도 이별도 없다.
기쁨도 슬픔도 없다.

나의 보따리

난 오늘 어떤 보따리를
이고 다니고 있는가?
웃음 보따리
설렘 보따리
그리움 보따리
행복 보따리
웃음 보따리
감사 보따리
추억 보따리
좋은 보따리만
이고 다니면 좋으련만.
긍정의 보따리만
이고 다니면 좋으련만.
나의 보따리엔.

탓하지 않기

탓하면 탓할수록
더 탓할 일이 많아지고
탓할 일만 찾아온다.
내 삶의 어려움과
내 마음의 괴로움은
그 누구의
탓도 아니며
그 누구도
탓하지 않을 때
내 삶이 풀리며
막혀 있던 업장도 풀린다.
남 탓
세상 탓
그 누구도 탓하지 말자.
내 마음먹기에 달렸다.

어떤 삶을 살고 있는가

사람들은
자기 입장에서만
생각하고
판단하고
결정을 내린다.
과정이 있어야
결론이 있는 것인데
과정으로
이해도 되고
소통도 되는데
결론만 중요시한다.
우리는
이기적인 삶을 살고 있나
이타적인 삶을 살고 있나
우리는
나는 어떤 삶을 살고 있나.

도움이 되는 말을 하자

계산이 들어간 말
쓸데없는 말
불필요한 말
성냄의 말
집착하는 말
상대를
아프게 하는 말
분노가 이는 말은
상대뿐만 아니라
나도 힘들게 한다.
항상 말의 미궁 속에서
허우적거리지 말며
고요한 말을 하자.
서로에게 도움이 되는 말을 하자.
항상 언어 행위를 조심하자.
필요한 말을 하자.

무심코 던진 말

한 방울의 낙숫물이
바위를 뚫는다고 했습니다.
작은 선함이 모이면
큰 선함이 되고
작은 악함이 모이면
큰 악함이 됩니다.
상대에게 아픔을 주는
작은 말이 모이면
상대는 큰 아픔과 상처가
됩니다.
무심코 던진 돌멩이에도
개구리는 맞아 죽을 수
있습니다.
내가 무심코 하는 말
내가 무심코 한 행동으로
상대는 평생 상처가 될 수 있습니다.

지금에 집중하자

내 것 아닌 것에
욕심내지 말자.
돈에 대한 욕심도
일에 대한 욕심도
사랑에 대한 욕심도
물건에 대한 욕심도
소유하려는 욕심도
잠시 내려놓아도
또다시 고개를 드는
욕심들에서 벗어나
지금에 집중하자.
똥 눌 땐 똥만 누고
밥 먹을 땐 밥만 먹자.

융합하는 그대와 나

불만의 씨앗은
불만을 낳고
집착의 씨앗은
집착을 낳고
미움의 씨앗은
미움을 낳는다.
그 중심에는 이기적인
내가 있고
그 중심에는 이기적인
그대가 있기에

그대와 나
각자 다른 길에서
허우적거렸기에

그대와 나
각자 다른 생각에서
중심을 잡지 못했기에

오늘도
융합하고
유연하며

부드러운 모습으로 살아 보자.
받아들이는 물처럼
융합하는 물처럼.

인생의 바위에 부딪히면

파도는
유유히 넘실대다
유유히 사라지지만
암초나 크고 작은 바위에
부딪히면 물살을 내뿜으며
산산조각이 나며
다른 모습을 보이듯이
우리네 인생도
고집과
주장과
부정과
의심의
바위에 부딪히면
본래의 모습을 잊고
다른 모습으로
크고 작은 바위에 부딪혀
산산조각이 날 것이다.
부정과 불평의 바위에 부딪히면.

긍정의 끌어당김

불안도 내려놓고
의심도 내려놓고
집착도 내려놓고
근심도 내려놓고
부정도 내려놓고
지금에
집중하면
긍정의
끌어당김이 이루어진다.
물처럼
유연하고
부드럽고
융합하고
타협하고
뭉치면
그 무엇보다도
강인함을 보여 주듯이
긍정의 끌어당김이 있듯이
강인함의 끌어당김이 있듯이.

진정한 어른 되기

물은 아래로 아래로 흐른다.
아래로 아래로 흐르는
맑은 물은
똥물도
흙탕물도
구정물도
정화시켜 맑게 한다.
아랫물이 맑아도
윗물에서 구정물이 흐르면
아랫물도 구정물이 되듯이
어른답게 살아 보자.
맑은 물이 흐르듯이
윗물이 맑아야 아랫물도 맑듯이
나이만 어른이 아니라
세월만 어른이 아니라
진정한 어른이 되어 보자.
어른이 되어 보자.

나의 못남을 고쳐 나가자

받아들이지 못하고
고집을 부리니
소화불량이 오고
버리지 못하고
모아 두기만 하니
변비가 오고
받아들인다 하면서
받아들이는 척만 하니
역류성 식도염이 오듯이
인간관계에서
상대의 입장을 생각하며
상대의 모습에서 내 못남을 찾아
공부 삼아 고쳐 나가자.
상대의 모습이
내 모습이며
자연의 모습이니
늘 역지사지를 생각하며 살자.
나의 못남을 고쳐 나가자.
나의 못남을.

있는 그대로 받아들인다는 것은

있는 그대로
받아들인다는 것은
이런 말을 해도 인정하고
저런 말을 해도 인정하고
이러한 행동을 해도 인정하고
저러한 행동을 해도 인정하는 것

있는 그대로를 인정한다면
내 마음은 출렁이지 않고 고요하며
설사 출렁인다 하더라도
이내 여여해지는 것

상대한테 바라지 말며
있는 그대로 인정한다면
중도
중용이 될 것이다.
어디에도 매이지 않는
바람처럼
어디에도 매이지 않는
구름처럼
있는 그대로 인정하고

인생사 다 공부인 것을

내 앞에 보이는 것은
내 앞에 들리는 것은
내 인생 공부다.
다리가 아픈 사람은
갈 길이 아님을
팔이 아픈 사람은
해야 할 일이 아님을
두통이 있는 사람은
정신 차려야 함을
척추가 아픈 사람은
중심을 잡고 살아야 함을
소화불량인 사람은
소통을 바르게 해야 함을
내 앞의 인연과 환경은
내게 주어진 인생 공부인 것을
그대로 아파하며
인생을 살 것인가?
받아들여 바르게 살 것인가?
선택은 나의 몫이다.

나의 잣대로 결정짓는 습관

행복과 불행도
내 잣대로 내가 결정한다.
긍정과 부정도
내 잣대로 내가 결정한다.
기쁨도 슬픔도
내 잣대로 내가 결정한다.
만남과 헤어짐도
내 잣대로 내가 결정한다.
부정적인 사고도
긍정적인 사고도
내 잣대로 내가 결정짓는
나의 습관이다.
늘 겸손하며
늘 감사하며
늘 긍정적인 사고로
살아 보자.
살아 보자.

마음의 창문을 활짝 열자

우울한 감정
불안한 감정
화가 올라오는 감정
의심스러운 감정
불편한 감정
부정적인 감정들이
말과 태도가 되지 않게 하자.
습관이 되지 않게
빨리 알아차리고
빨리 비우자.
창문만 열 것이 아니라
마음의 창문도 활짝 열고
환기시키자.
마음의 문도 활짝 열자.

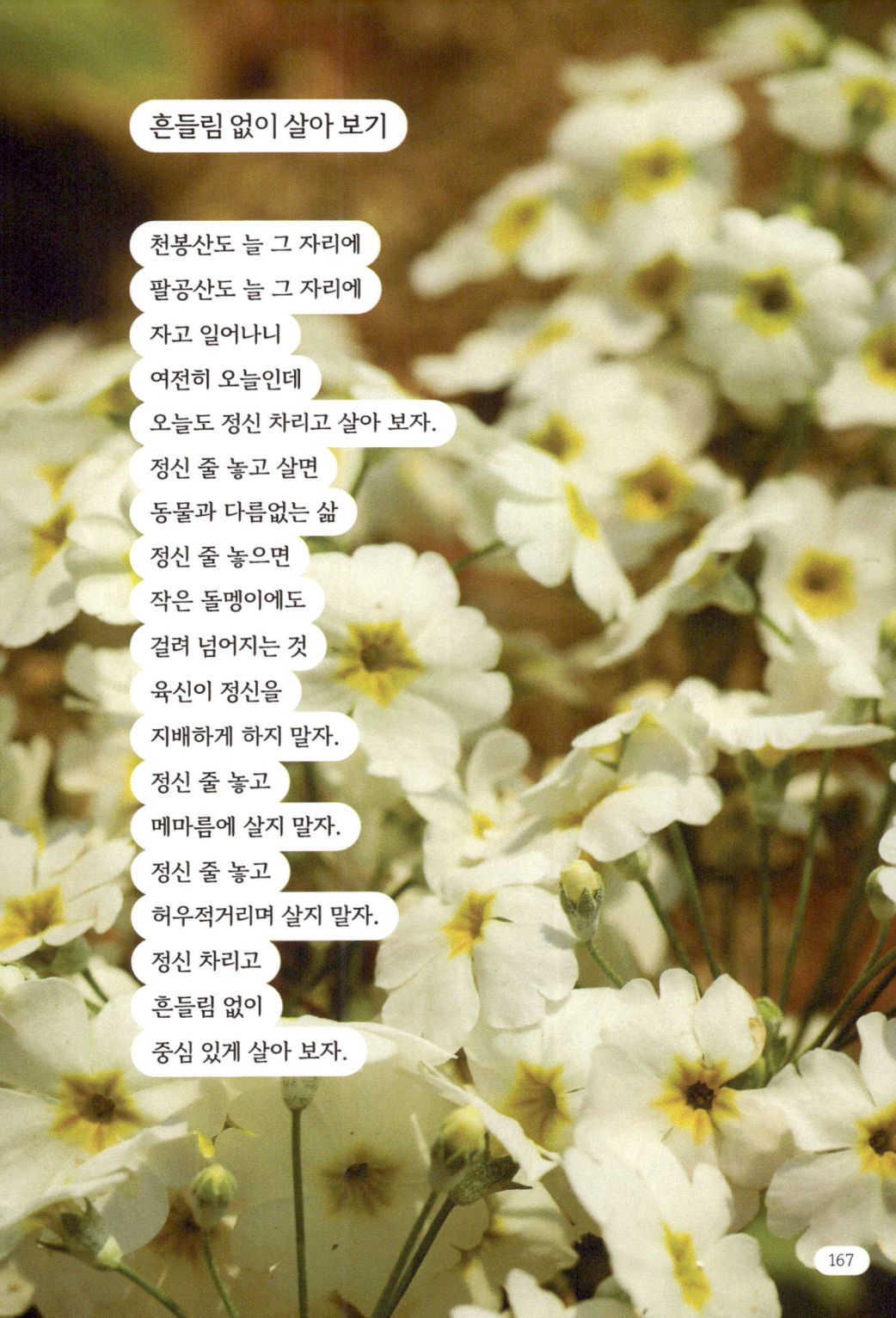

흔들림 없이 살아 보기

천봉산도 늘 그 자리에
팔공산도 늘 그 자리에
자고 일어나니
여전히 오늘인데
오늘도 정신 차리고 살아 보자.
정신 줄 놓고 살면
동물과 다름없는 삶
정신 줄 놓으면
작은 돌멩이에도
걸려 넘어지는 것
육신이 정신을
지배하게 하지 말자.
정신 줄 놓고
메마름에 살지 말자.
정신 줄 놓고
허우적거리며 살지 말자.
정신 차리고
흔들림 없이
중심 있게 살아 보자.

나답게 살아 보자

어떤 장독에
갇혀서
웃고 있는지
울고 있는지
선택은 내가
했으며
그 무엇을
선택해도
이 또한 지나가리라.
이 또한 지나가리니
나답게 살자.
나답게 살아 보자.

순수함을 품어 내는 기운으로

욕심을 품어 내는 기운
집착을 품어 내는 기운
고집을 품어 내는 기운
탁한 기운만을
품어 내는 기운이
아니라
자연과 하나가 되는 기운
하늘과 하나가 되는 기운
땅과 하나가 되는 기운
순수함을 품어 내는 기운으로
오늘 하루도 나답게 살아 보자.
오늘 하루도 순수하게 살아 보자.

철저히 겸손하자

오늘도
지극히 겸손하며
철저히 겸손하며
끝없이 겸손하자.
스치는 바람처럼
어디에도 매이지 말고
어디에도 묶이지 말자.
물처럼
부딪히면 돌아가고
서로 융합하며
어디에든 생명수 같은
쓰임새 있는
사람이 되어 보자.
그대도 나도
그대와 나는 하나니까.
그대도 나도 빛나고 있으니까.